Vorbemerkung

„Lesen“ und „Interpretieren“ von Texten dominieren seit jeher den Deutschunterricht unserer Schulen. Daran wird sich absehbar lang auch nichts ändern, selbst wenn ergänzende Verfahren eines „produktiven Umgangs“ mit Texten vermehrt im Literaturunterricht berücksichtigt werden. Stets wird zunächst der Text zentraler Blickpunkt sein, und jede produktive und schöpferisch modulierende Arbeit wird nur entlang dem gelesenen Text erfolgen können. In diesem Sinne möchte die Reihe BLICKPUNKT TEXT IM UNTERRICHT jedem Lernenden (und Unterrichtenden) nicht mit „fertigen Interpretationen“ näherkommen, sondern mit Sichtweisen und ergänzenden Materialien, die den jeweiligen Text aufschließen. Dem Leser[1] – sei er Lernender, Lehrender oder schlichtweg an Literatur interessierter – bleibt es überlassen, den zugrundeliegenden Entwurf von Wirklichkeit, die ein Text vermittelt, zu überprüfen und zu befragen.

BLICKPUNKT TEXT IM UNTERRICHT verbindet dabei Hilfestellungen für das Lesen- und Verstehenkönnen von Texten mit der Absicht, zu weiter- und tiefergehender Auseinandersetzung anzuregen. Der Leser entscheidet, wie er das Angebot im Verständnis einer „produktiven Mitarbeit“ nutzen will.

1 Es wird der Einfachheit halber durchgängig die maskuline Form verwendet. Leserinnen sollten sich dadurch selbstverständlich gleichermaßen angesprochen fühlen!

Einleitung

Bernhard Schlinks Roman „Der Vorleser“[2] erschien 1995 wurde in 25 Sprachen übersetzt. Innerhalb des ersten Jahres wurde der Roman 700000 mal verkauft.

Allein in Deutschland stand der Roman über 137 Wochen (Stand: 14.01.2000) auf der Bestsellerliste.

In Frankreich hat er eine Auflage von über 100000 und in Großbritannien von über 200000. Die Filmrechte sind bereits verkauft und die Geschichte gehört in vielen Schulen bereits zum Unterrichtsstoff.

Der Roman eignet sich als Textgrundlage für den Deutsch-, Literatur-, Pädagogik-, Geschichts- und nicht zuletzt für den Ethik- bzw. Philosophieunterricht.

Aufgrund der Komplexität des Romans und des nötigen Hintergrundwissens eignet er sich in erster Linie für die gymnasiale Oberstufe. Zudem ist er für Juristen und Jurastudenten relevant[3].

Die Aufgaben und Anregungen in dem vorliegenden BLICKPUNKT- Band sind offen formuliert, so dass sie je nach Lerngruppe bzw. Interessenschwerpunkten ausgewählt werden können.

Sie dienen der Untersuchung literarisch-sprachlicher, ethisch-moralischer und pädagogischer Aspekte. Es wird jeweils Wert darauf gelegt, dass die Schüler zu kreativem und produktionsorientierten Arbeiten angeregt werden.

---

2 Dieser Erläuterung liegt die Taschenbuchausgabe des Romans zugrunde. Schlink, Bernhard: Der Vorleser, Diogenes Verlag AG, Zürich, 1997

3 Im „Humboldt Forum Recht“ der Berliner Humboldt Universität Berlin heißt es 1996 zum Roman: *„Die Bewältigung kommunistischer Vergangenheit in Deutschland wird mit dem Verfahren in anderen früheren Ostblockstaaten verglichen. Speziell in Deutschland hat man sich für ein strafrechtliches Vorgehen entschieden. Der Verfasser beschäftigt sich unter anderem mit der Mauerschützenproblematik und dem Rückwirkungsverbot in Art. 103 Abs. 2 GG. Der Verfasser ist der Ansicht, dass die Überspielung des Rückwirkungsverbots durch den BGH zugunsten der Gerechtigkeit mit dem Rechtsstaat nicht vereinbar sei. Für eine Suspendierung rechtsstaatlicher und grundrechtlicher Sicherungen sei es zu spät. Wenn, dann hätte die Stunde der Revolution dafür genutzt werden müssen.“* (Im Internet unter: http://www.rewi.hu-berlin.de)

Insgesamt soll dieser Band zu einer tiefergehenden Auseinandersetzung mit Schlinks Roman und mit den darin angesprochenen Themen anregen.

Erläuternde Zusatzinformationen findet man in den Fußnoten bzw. innerhalb von Zitaten in eckigen Klammern. Ferner gibt das Literaturverzeichnis Hinweise zu weiterführender Sekundärliteratur.

1. Der Autor Bernhard Schlink – Leben und Werk (Blickpunkte)

Bernhard Schlink wurde am 6. Juli 1944 in der Nähe von Bielefeld geboren. Aufgewachsen ist er in Heidelberg und Mannheim.

Nach seinem Jurastudium in Heidelberg und Berlin promovierte Schlink 1975/76 über das Thema „Abwägung im Verfassungsrecht". Er war wissenschaftlicher Assistent in Heidelberg, Darmstadt, Bielefeld und Freiburg. Beim späteren Bundesverfassungsrichter Böckenförde schrieb er 1982 seine Habilitation zum Thema „Die Amtshilfe. Ein Beitrag zu einer Lehre der Gewaltenteilung in der Verwaltung".

Er arbeitete zunächst als Professor für Verfassungs- und Verwaltungsrecht in Bonn und Frankfurt und ab 1988 als Verfassungsrichter in Nordrhein-Westfalen. 1992 erhielt Schlink einen Ruf als Professor für Öffentliches Recht, Völkerrecht und für Rechtsphilosophie an die Berliner Humboldt-Universität.

1993 war er Gastprofessor an der Yeshiva-University in New York.

Heute lebt der Rechtsprofessor und Schriftsteller in Berlin.

<u>Werke</u>:

- **Selbs Justiz**, Roman, Diogenes Verlag, Zürich, 1987 (in Zusammenarbeit mit Walter Popp)
- **Die gordische Schleife**, Roman, Diogenes Verlag, Zürich, 1988
- **Selbs Betrug**, Roman, Diogenes Verlag, Zürich, 1992
- **Der Vorleser**, Roman, Diogenes, 1995
- **Grundrechte**, wissenschaftliches Lehrbuch, in Zusammenarbeit mit Bodo Pieroth, 1995 (11. Auflage)
- **Liebesgeflüster**, Kurzprosa, Diogenes, 2000

<u>Auszeichnungen</u>:

- **Autorenpreis deutschsprachige Krimiliteratur „Der Glauser"** für *Die gordische Schleife* (1989)
- **Deutscher Krimi Preis des Bochumer Krimi Archivs** für „Selbs Betrug" (1993)

- **Stern des Jahres der Abendzeitung München** für „Der Vorleser" (1995)
- **Grinzane-Cavour-Preis** (Italien) für „Der Vorleser" (1997)
- **Hans-Fallada-Preis der Stadt Neumünster** für „Der Vorleser" (1997)
- **Prix Laure Bataillon**[4] (Frankreich) für „Der Vorleser" (1997)
- **Literaturpreis der Tageszeitung „Die Welt"**[5] für Schlinks gesamtes literarisches Werk (1999)
- **Ehrengabe der Heinrich-Heine-Gesellschaft in Düsseldorf** (2000)

Verfilmung:

- **Der Tod kam als Freund**[6], ZDF, Mainz, 1991, Regie: Hoffmann, Nico, Drehbuch: Stephan, Ulli

Fremdsprachliche Ausgaben des Romans „Der Vorleser"[7]:

- **Brasilien** (Nova Fronteira, Rio de Janeiro)
- **China** (Yilin Press, Najing)
- **Dänemark** (Gyldendal, Kopenhagen)
- **Estland** (Varrak, Tallin)
- **Finnland** (Söderström, Helsinki)
- **Frankreich** (Gallimard, Paris)
- **Griechenland** (Kritiki, Athen)
- **Großbritannien** (Orion, London)
- **Island** (Mal og menning, Reykjavik)
- **Israel** (Zmora Bitan, Tel Aviv)
- **Italien** (Garzanti, Mailand)
- **Japan** (Shinchosa, Tokio)

---

4 Mit diesem bestdotierten französischen Preis für übersetzte Literatur wurden sowohl der Autor Bernhard Schlink als auch der französische Übersetzer Bernhard Lortholary ausgezeichnet.

5 Dieser Preis wurde erstmals am 14.10.1999 verliehen. Er wird von da an jedes Jahr an Schriftsteller verliehen, welche mit ihrem Werk international große Anerkennung gefunden und zu Diskussionen angeregt haben.

6 Der Film entstand nach Schlinks Romanvorlage „Selbs Justiz"

7 Es handelt sich bei dieser Auflistung um die Lizenzvergabe des Diogenes Verlages an die genannten ausländischen Verlage aus dem Monat Februar des Jahres 1999.

- **Korea** (SeGyeSa, Seoul)
- **Kroatien** (Algoritam, Zagreb)
- **Niederlande** (Ambo, Baarn)
- **Norwegen** (Gyldendal Norsk, Oslo)
- **Polen** (Polsko-Niemieckie, Warschau)
- **Potugal** (ASA, Porto)
- **Russland** (Medium, Moskau)
- **Schweden** (Albert Bonniers, Stockholm)
- **Spanien** (Anagrama, Barcelona, in spanischer Sprache)
- **Spanien** (Columna, Barcelona, in katalanischer Sprache)
- **Taiwan** (Crown, Taipei)
- **Tschechien** (Prostor, Prag)
- **Türkei** (Iletisim, Istanbul)
- **Ungarn** (Helikon, Budapest)
- **USA** (Pantheon Books, New York)

Aufgabenblock 1

- Erarbeiten Sie ein Kurzreferat zu Leben und Werk Bernhard Schlinks. Bereiten Sie dazu begleitend für die anderen Kurs-teilnehmer eine anschauliche Präsentation vor, z.B. OHP-Folien mit Fotos, Kritiken oder zentralen Zitaten aus seinen Werken. (Gruppenarbeit)
- Erstellen Sie eine Übersicht der politischen Ereignisse in Deutschland nach dem zweiten Weltkrieg. Weisen Sie den aktuellen Bezug dieser Lebenswirklichkeit zu der im Roman dargestellten Zeit anhand von Beispielen nach. Gehen Sie insbesondere auf die Prozesse zur NS-Zeit ein.(Gruppenarbeit)
- Suchen Sie aus diversen Zeitungsartikeln Aussagen von Bernhard Schlink zu seinen Intentionen als Schriftsteller und als Richter heraus und formulieren Sie diese mit eigenen Worten. (Einzel- oder Partnerarbeit)
- Wie erklärt sich Ihrer Meinung nach der internationale Erfolg des Buches „Der Vorleser" im In- und Ausland? – Schreiben Sie zu dieser Frage einen Essay. (Einzelarbeit)

Literaturblock 1

Hinweis für die Lerngruppe: Die angegebene Literatur ist nicht erschöpfend. Es wird erwartet, dass sich der einzelne Lernende um entsprechende weiterführende Literatur selbst bemüht und die anderen Mitglieder der Gruppe darauf aufmerksam macht. Dadurch kann ein Literaturaustausch stattfinden, der den Umgang mit dem Roman mehr und mehr vertieft.

„Ich lebe in Geschichten", Spiegel-Gespräch mit Bernhard Schlink, Spiegel, Hamburg, 2000, Heft 4/2000

Christoph Stölzel: „Ich hab's in einer Nacht ausgelesen", Laudatio auf Bernhard Schlink, Die Welt, Berlin, 13.11.1999

Claudia Kühner: Ein Buch geht um die Welt, Die Weltwoche, Zürich, 1.4.1999

Erfolg in Frankreich, Der Spiegel, Hamburg, 7.7.1997

Hage, Volker: Gewicht der Wahrheit, Der Spiegel, Hamburg, 29.03.1999

Krause, Tillmann: „In Berlin fehlt es an Bürgersinn", Interview mit Bernhard Schlink, Die Welt, Berlin, 14.10.1999

2. Zum Roman „Der Vorleser“

2.1 Handlungsverlauf

Die Handlung setzt in den frühen 1950er Jahren ein. Der 15jährige Michael Berg lernt die 36jährige Hanna Schmitz kennen und verliebt sich in sie.

Diese führt ihn in die Geheimnisse der körperlichen Liebe ein. Als Gegenleistung bittet sie den Jungen ihr aus Romanen und Erzählungen der klassischen Literatur vorzulesen.

Eines Tages ist Hanna plötzlich verschwunden.

Viele Jahre später begegnen sich Hanna und Michael, der inzwischen Jura studiert, in einem Gerichtssaal wieder. Er ist studentischer Prozessbeobachter und sie ist eine der Angeklagten.

Sie wird beschuldigt als KZ[8]-Aufseherin in einem kleinen Lager bei Krakau[9], einem Außenlager von Auschwitz[10], willentlich weibliche Häftlinge in einer Kirche verbrennen lassen zu haben.

---

8 Konzentrationslager, Abkürzung **KZ**: Diese Massenlager vereinigen Elemente von Arbeitslagern, Internierungs- und Gefangenenlagern und von Ghettos und Gefängnissen. Im NS-Staat wurden nach der Notverordnung vom 28.02.1933 politische Gegner ab März in eine sogenannte „polizeiliche Schutzhaft“ genommen. Die „staatlichen“ Lager (Dachau, Sachsenhausen, Buchenwald, Lichtenburg) unterstanden ab 1934 dem Inspekteur der KZ, welcher auch Führer der SS-Wachverbände und SS-Totenkopfverbände war. Ab 1935 wurde nicht nur die Ausschaltung der Regimegegner, sondern auch von Personengruppen, die aus ideologischen Gründen, rassischer oder nationalistischer oder vorgeblich sozialen Gründen zu „Volksschädlingen“ deklariert wurden, angestrebt. Ab 1938 wurden die KZ für den Zwangsarbeitereinsatz für Projekte der SS und später für die Rüstungsindustrie genutzt. 1944 gab es 20 KZs mit 165 angeschlossenen Arbeitslagern. Bis 1942 stieg die Zahl der dort Inhaftierten auf 100000, bis Januar 1945 auf etwa 715000, welche von 40000 SS-Leuten bewacht wurden. Ab 1941 wurden zur sogenannten „Endlösung“ der Judenfrage Vernichtungslager eingerichtet, in welchen (neben den Vernichtungen in KZ) bis 1945 zwischen 5 und 6 Millionen jüdischer und 500000 nicht-jüdischer Häftlinge getötet wurden.

9 **Krakau**: Die südpolnische Stadt auf beiden Seiten der Weichsel ist neben Warschau das wichtigste kulturelle Zentrum Polens. Die Stadt war im Zweiten Weltkrieg die Hauptstadt des Generalgouvernements.

10 **Auschwitz**: Die Stadt in Polen liegt 50 km westlich von Krakau. Das staatliche Museum umfasst heute das ehemalige KZ, welches 1940 die SS einrichtete und 1941 zum Vernichtungslager (vor allem für Juden) erweiterte. Bis 1945 kamen dort schätzungsweise 2,5 bis 4 Millionen Menschen um.
In den sogenannten **Auschwitz-Prozessen** (1947 / 1963-65 / 1977-81) wurde die Lagerleitung und das Aufsichtspersonal des Konzentrations- und Vernichtungslagers angeklagt. Einzelne Freisprüche und zum Teil niedriges Strafmaß lösten bei diesen Prozessen Empörung in der Weltöffentlichkeit aus.

Michael beobachtet die ungeschickte Verteidigung seiner ehemaligen Geliebten, welche zuvor ohne sein Wissen der SS[11] gedient hat. Während des Prozesses wird ihm ihr Geheimnis klar: Als Analphabetin war sie immer darum bemüht zu verheimlichen, dass sie nicht lesen und schreiben kann. Deshalb verließ sie damals die Stadt und deshalb verstrickt sie sich im Prozess mehr und mehr in Widersprüche. Michael gibt sich Hanna zunächst nicht zu erkennen.

Er schickt ihr dann aber regelmäßig Kassetten mit von ihm vorgelesenen Texten ins Gefängnis und bekommt ab und an kurze Briefe von Hanna zurück, was ihm zeigt, dass sie zu lesen und schreiben gelernt hat. In der Woche vor ihrer Entlassung trifft sich Michael mit Hanna.

Einen Tag vor ihrer Entlassung aus dem Gefängnis findet man Hanna erhängt in ihrer Gefängniszelle.

Michael kommt Hannas letztem Wunsch nach und überbringt in Amerika einer der überlebenden Lagerinsassen Hannas erspartes Geld.

2.2 Übersicht über die Romankapitel

TEIL 1 (S. 5-81)

Kapitel 1 (S. 5-7)**:**

Michael ist fünfzehn Jahre alt, als er sich auf dem Weg zur Schule übergeben muss. Hanna Schmitz, die sechsunddreißig Jahre alt ist, sieht das und wäscht und trocknet ihm das Gesicht.

Wieder Zuhause wird bei Michael Gelbsucht diagnostiziert, welche ihn vom Herbst bis zum frühen Frühling ans Bett fesselt.

---

11 Schutzstaffel, Abkürzung **SS**: Die 1925 entstandene Sonderorganisation zum Schutz Hitlers und anderer NSDAP-Funktionäre wurde ab 1929 von Himmler geleitet und ab 1934 als selbständige Gliederung der NSDAP direkt Hitler unterstellt. Während des Zweiten Weltkrieges wurden Einsatztruppen aufgestellt, welche Hunderttausende von Juden, Partisanen und politischen Gegnern ermordeten. Aus der allgemeinen SS, die 1939 etwa 240000 berufstätige Mitglieder hatte, gingen ab 1933 die SS-Verfügungstruppe und die SS-Totenkopfverbände zur Bewachung der Konzentrationslager hervor. In den Nürnberger Prozessen wurde die SS 1946 mit allen Untergruppen außer der Reiter-SS als Hauptträger des politischen Terrors zur verbrecherischen Organisation erklärt.

Kapitel 2 (S. 8-11):

Aus der heutigen Sicht berichtet der nun erwachsene Michael Berg vom Wohnhaus, in dem Hanna lebte.

Es sei ihm immer wieder als Symbol der Vertrautheit im Traum begegnet. Heute existiert es nicht mehr.

Kapitel 3 (S. 12-14):

Nach seiner schweren Krankheit macht sich der junge Michael Berg auf den Weg zu Hanna, um sich auf Anraten seiner Mutter für ihre damalige Hilfe zu bedanken.

Der Erzähler erinnert sich heute nicht mehr an die Begrüßung, beschreibt aber ganz genau die Wohnungseinrichtung und Hannas Aussehen, sowie ihre Tätigkeit in der Küche, das Bügeln.

Kapitel 4 (S. 15-18):

Hanna will den jungen Michael ein Stück begleiten und bittet ihn, im Flur auf sie zu warten. Von dort beobachtet Michael die ihm noch fremde Frau beim Umziehen. Er betrachtet erregt sehr genau ihren nackten Körper. Dabei wird er von Hanna ertappt, schämt sich seines Verhaltens und verlässt fluchtartig die Wohnung.

Aus heutiger Sicht reflektiert der Erzähler Michael seine damalige Erregung, die offenbar durch die anmutigen und verführerischen Bewegungen Hannas hervorgerufen wurden.

Kapitel 5 (S. 19-22):

Der nur langsam von der Gelbsucht genesende Michael macht sich auf seinem Krankenlager Gedanken, ob er trotz des für ihn peinlichen Vorfalls Frau Schmitz erneut besuchen soll.

Nach einer Woche des Abwägens entscheidet er sich, sein Krankenbett zu verlassen und Hanna aufzusuchen. Es ist seine sexuelle Lust, die ihn zu dieser Entscheidung führt.

Kapitel 6 (S. 23-27):

Als Michael an Hannas Haus ankommt, muss er eine ganze Weile auf sie warten. Als sie schließlich von der Arbeit als Straßenbahnschaffnerin zurück kommt, ist sie gar nicht verwundert, Michael zu sehen. Sie trägt ihm ganz selbstverständlich die Arbeit auf, Kohlen aus dem Keller zu holen. Dabei stellt er sich so ungeschickt an, dass die gesamten Kohlen im Keller in Bewegung geraten und ihn beschmutzen. Als er so dreckig nach oben in Hanna Wohnung kommt, ist Hanna belustigt und trägt ihm auf, sich auszuziehen, damit er sich in der Badewanne säubern kann.

Zunächst sträubt sich Michael, weil er sich schämt, aber dann fühlt er sich im warmen Wannenbad wohl und ist schließlich erregt. Als Hanna mit einem Handtuch kommt, um ihn abzutrocknen, sieht Michael, das auch Hanna nackt ist.

Dann hat Michael zum ersten Mal in seinem Leben sexuellen Kontakt und ist überwältigt von diesem Gefühl.

Kapitel 7 (S.28-32):

Als er verspätet nach Hause zu seinen beiden Schwestern, seinem Bruder und seinen Eltern kommt, lügt er, er habe sich bei einem Spaziergang verlaufen.

Ferner teilt er seinem Vater, einem Professor für Philosophie, und seiner besorgten Mutter, einer Hausfrau, mit, er werde ab morgen wieder zur Schule gehen. Durch den Geschlechtsakt fühlt sich Michael gestärkt. Auch fühlt er sich nicht mehr wie ein Junge, sondern wie ein Erwachsener.

Kapitel 8 (S.33-37):

Die nächste Zeit verbringen Hanna und Michael immer nach dem gleichen Schema. Nach der Schule bzw. nach der Arbeit baden sie erst gemeinsam und schlafen danach miteinander.

An einem Nachmittag erfragt Michael Hannas Namen und Hanna Michaels. Auch will sie wissen, was Michael macht. Als er sagt, er sei noch ein Schüler und lügt, er sei bereits siebzehn Jahre alt, ist Hanna erstaunt. Sie hatte ihn für einen Studenten gehalten. Als Michael während des Gesprächs sagt, er wolle mehr Zeit mit ihr verbringen und er bleibe in jedem Falle sitzen, wird sie sehr böse. Er solle immer fleißig sein, damit er mehr werde als sie. Dabei spielt sie ihm ihre monotone Tätigkeit als Straßenbahnschaffnerin vor.

Kapitel 9 (S. 38-44):

Als Michael an einem der folgenden Tage mehr von Hanna wissen will, erzählt sie ihm nur wenig und auch sehr distanziert über ihre Vergangenheit. Auch an ihre Zukunft scheint Hanna nicht zu denken.

Wegen Hannas Wut über seine Faulheit, ist Michael motiviert, fleißiger in der Schule zu werden.

Als sich Hanna nach dem Unterrichtsstoff Michaels erkundigt, bittet sie ihn, aus diversen klassischen Texten vorzulesen, denn er habe eine so schöne Stimme.

Von da entwickelt sich ein Ritual. Michael muss Hanna erst immer etwas vorlesen, wobei sie sich als sehr interessierte Zuhörerin erweist, und dann mit ihr zusammen duschen, bevor beide miteinander schlafen.

Kapitel 10 (S. 45-50):

Am ersten Tag seiner Osterferien steht Michael sehr früh auf, denn er möchte Hanna in ihrer Frühschicht überraschen. So steigt er in die gleiche Bahn ein, in der sie Dienst hat. Da sie aber keinerlei Notiz von Michael nimmt, steigt er vorzeitig aus. Michael empfand es so, dass Hanna ihn bewusst ignoriert hat, was er ihr dann auch am Nachmittag sagt. Hanna ist sich keiner Schuld bewusst. So kommt es zum Streit zwischen beiden, in welchem Michael feststellen muss, dass er Hanna unterlegen und in gewisser Weise hörig ist. Auch in späteren Disputen ist es immer Michael, der sich entschuldigt, aus Angst, von Hanna zurück gewiesen zu werden.

Kapitel 11 (S. 51-57):

Weil er die Klasse doch noch geschafft hat, sind Michaels Eltern milde gestimmt und erlauben ihm, in den Osterferien mit dem Rad eine mehrwöchige Fahrt zu machen. Sie wissen natürlich nicht, dass Michael mit Hanna zusammen fährt, wie sie von deren Beziehung nichts wissen.

Mit dem Geld seiner verkauften Briefmarkensammlung kann Michael für sich und Hanna die Reise am Rhein entlang finanzieren.

In den Gasthöfen, in welchen Hanna und Michael die Nächte verbringen, kann Michael sich und Hanna ohne Probleme als Mutter und Sohn eintragen.

Sie verstehen sich während der gesamten Reise sehr gut, bis auf einen kleinen Streit: Michael hatte das Zimmer früh verlassen, um Lebensmittel für das Frühstück zu besorgen. Das hat er Hanna auf einen Zettel geschrieben. Als er aber zurück kommt, ist Hanna außer sich. Sie habe sich Sorgen gemacht und den Zettel habe sie nicht gesehen.

Kapitel 12 (S. 58-62)**:**

In der letzten Ferienwoche will Michael mit Hanna im Haus seiner Eltern verbringen, während diese mit dem Bruder und der älteren Schwester verreisten.

Die kleinere Schwester besticht Michael mit einer gestohlenen Jeanshose, die Woche nicht bei ihm sondern bei ihrer Freundin zu verbringen.

Hanna ist ganz überwältigt vom gutbürgerlichen Haushalt von Michaels Familie. Besonders die vielen Bücher beeindrucken sie und sie lässt sich aus philosophischen Büchern vorlesen, die Michaels Vater geschrieben hat.

Da sie so eingeschüchtert ist von der fremden Umgebung, verbringen sie und Michael die Nächte in Hannas Wohnung.

Kapitel 13 (S. 63-66)**:**

Zu Beginn des Schuljahres werden die Klassen neu aufgeteilt, so dass Michael nun auch weibliche Mitschüler hat, mit denen er sich gut versteht und durch die er sich wegen seiner Erfahrung mit dem weiblichen Geschlecht auch nicht verunsichert fühlt, während die anderen Jungen in seiner Klasse schüchtern und verängstigt auf die neue Situation reagieren.

Kapitel 14 (S. 67-71)**:**

Neben den Besuchen bei Hanna interessiert sich Michael mehr und mehr auch für andere Freizeitbeschäftigungen. So geht er häufig mit seinen Klassenkameraden ins Freibad oder treibt Sport.

Als er an seinem sechzehnten Geburtstag vom Schwimmbad, wo er von seinen Mitschülern gefeiert wurde, zu Hanna geht, die ihn schlecht gelaunt und ohne von seinem Ehrentag zu wissen, empfängt, empfindet Michael erstmals, dass er lieber im Schwimmbad bei seinen gleichaltrigen Freunden als bei der älteren Hanna wäre.

Kapitel 15 (S.72-74):

Michael macht es Probleme, dass er Hanna vor seinen Freunden verschweigt. Als seine Mitschülerin Sophie ihn danach fragt, was ihm zu schaffen macht, bringt er es nicht übers Herz, ihr offen von seiner Beziehung zu Hanna zu erzählen.

Kapitel 16 (S.75-78):

Eines Nachmittags, nachdem Hanna und Michael sich in ihrer Küche geliebt haben, fährt Michael zu seinen Klassenkameraden ins Schwimmbad. Hier bei seinen Mitschülern empfindet er die Gespräche zunächst als nichtig und lächerlich. Dieses Gefühl verfliegt aber recht bald und er verbringt einen vergnüglichen Nachmittag zusammen mit seinen Freunden.

In dieser Stimmung bemerkt er plötzlich in einer Entfernung von etwa dreißig Metern seine Freundin Hanna. Zögernd steht Michael auf, um zu ihr zu gehen. Als er sie kurz aus dem Blick verliert, ist sie verschwunden.

Kapitel 17 (S.79-81):

Am nächsten Tag erfährt Michael, dass Hanna gekündigt hat und aus ihrer Wohnung ausgezogen ist.

In der nächsten Zeit vermisst Michael sie und besonders ihre körperlicher Nähe sehr. Zudem macht er sich Vorwürfe, weil er im Schwimmbad nicht sofort aufgesprungen ist, als er sie gesehen hat.

Zweiter Teil (S. 83-157)

Kapitel 1 (S. 83-85):

Der Erzähler reflektiert aus seiner heutigen Sicht als Erwachsener die erste Zeit, die er ohne Hanna verbracht hat.

Eine Weile hatte er sehr mit ihrer Abwesenheit zu kämpfen, dann aber hat er als kontaktarmer und emotionsloser Jugendlicher seine Schulzeit beendet und das Studium begonnen. Seine Gefühlskälte seinen Mitmenschen gegenüber hat er aber nur gespielt. Er begründet diese Eigenschaft mit der Tatsache, dass er die Trennung von Hanna nicht bewältigt hat.

Kapitel 2 (S. 86-89):

Jahre später trifft Michael Berg während seiner Studienzeit Hanna Schmitz in einem Gerichtssaal wieder. Er nimmt als Student an einem Seminar teil, das sich mit der Nazi-Vergangenheit und dem Holocaust[12] auseinandersetzt und dessen Bestandteil auch die regelmäßige Teilnahme an einem KZ-Prozess ist. Der junge Student fühlt sich in der Seminargruppe wohl und glaubt, durch das Seminar zur Aufarbeitung der Vergangenheit beizutragen, von welcher sich die Studenten als Bestandteil der jungen Generation ganz selbstverständlich distanzieren während sie die Elterngeneration pauschal verurteilen. Aus seiner heutigen Sicht kritisiert der Erzähler sein damaliges unreflektiertes Verhalten.

Kapitel 3 (S. 90-94):

Bei der Gerichtsverhandlung sieht der Student nach langer Zeit seine ehemalige Geliebte wieder. Er erkennt sie erst, als ihr Name genannt wird, denn ihr Äußeres hat sich verändert. Aber als Michael sie betrachtet, erkennt er ihre Körperform wieder.

Michael fühlt bei dieser ersten Begegnung nach Jahren nichts.

---

12 **Holocaust**: Das Wort ist vom griechischen Wort „holókauston" abgeleitet, was „Brandopfer" bedeutet. Es bezeichnet die Tötung einer großen Zahl von Menschen bzw. eines Volkes, vor allem die im Nationalsozialismus betriebene Massenvernichtung der Juden. Während des Zweiten Weltkrieges wurden im Zuge der sogenannten „Endlösung der Judenfrage" etwa 6 Millionen Juden in Konzentrations- und Vernichtungslagern ermordet.

Hanna wird befragt und Michael erfährt erstmals Details über ihre Vergangenheit. Sie hat zunächst bei Siemens gearbeitet und ist dann freiwillig zur SS gegangen, bei der sie in Konzentrationslagern in Auschwitz und bei Krakau tätig war.

Kapitel 4 (S. 95-100):

Vor allem um Hanna beobachten zu können, lässt Michael keinen Prozesstag aus. Während des Prozesses macht sich der junge Student Gedanken über die Schuld und über das Verhältnis von Tätern und Opfern.

Besonders aber beschäftigt ihn die Frage, wie seine Generation mit den Verbrechen umgehen soll, die in den KZ geschehen sind. Im Laufe des Prozesses kann er Menschen nicht mehr nur in die Kategorien Gut und Böse einteilen. Seine Gedanken zum Thema „Schuld" werden komplexer.

Immer aber ist seine Betrachtungsweise sehr distanziert. Er hat keine persönlichen Gefühle, wenn er Hanna sieht oder ihre Aussagen hört.

Kapitel 5 (S. 101-103):

In der zweiten Woche des Prozesses wird die Anklage gegen die fünf Frauen verlesen, welche Aufseherinnen in einem KZ bei Krakau waren. Es gibt mehrere Anklagepunkte. Unter anderem wird den Aufseherinnen die Selektion der gefangenen Frauen im Lager vorgeworfen und zum anderen ihr Verhalten während einer Bombennacht, in welcher Gefangene in einer Kirche eingeschlossen verbrannten. Die Angeklagten hätten die Gefangenen befreien können.

Zwei Überlebende des Lagers gibt es, eine Mutter und eine Tochter, von denen die Tochter das Verhalten der Aufseherinnen und das Leben im Lager in einem Buch niedergeschrieben hat, welches in Amerika veröffentlicht wurde.

Kapitel 6 (S. 104-108):

Der Erzähler beschreibt Hannas auffälliges Verhalten im Prozess, in welchem sie sich mehr und mehr in die eigene Schuld verstrickt.

Sie fällt zum ersten Mal auf, als sie von ihrem Verteidiger überredet werden muss, dass das Buch der Überlebenden <u>nicht</u> während der Verhandlung vorgelesen wird, da allen das Manuskript vor Prozessbeginn ausgehändigt wurde.

Dann verhält sie sich nicht konform, als sie abstreitet, den Schlüssel zur brennenden Kirche gehabt zu haben, obwohl sie diese Aussage zuvor im Protokoll zur richterlichen Vernehmung zu lesen bekommen und unterschrieben hat.

Sie wirkt während des gesamten Prozesses naiv und unsicher und ihr Verteidiger ist ihr keine große Hilfe.

Kapitel 7 (S. 109-113):

Die anderen Angeklagten bemerken Hannas Unsicherheit und nutzen diese zu ihren Gunsten aus.

Im Verlauf der Vernehmung erzählt die überlebende Tochter, dass Hanna schwache Mädchen unter ihre Obhut nahm, so dass sie nicht arbeiten mussten. Sie mussten ihr statt zu arbeiten vorlesen. Bei dieser Aussage dreht sich Hanna zum ersten Mal zu Michael um, aber so selbstverständlich, dass deutlich wird, dass sie ihn schon die ganze Zeit wahrgenommen hat. Von nun an ändert sich Michaels Einstellung zu Hanna. Im inneren Monolog nimmt er sie für ihr Verhalten bezüglich der schwachen Mädchen in Schutz.

Kapitel 8 (S. 114-118):

Das Buch, das von dem unwürdigen und harten Lagerleben berichtet, liest Michael zunächst auf Englisch, weil es während des Prozesses noch nicht in deutscher Sprache erschienen ist. Für ihn wirkt das Buch zunächst wegen der fremden Sprache distanziert, aber als er es Jahre später auch auf Deutsch liest, bemerkt er, dass das Buch an sich distanziert von den erlebten Schrecken berichtet, als sei die Schreiberin betäubt von den Geschehnissen.

Sie erwähnt Hanna nicht namentlich, aber Michael weiß, wer gemeint ist, als eine der Aufseherinnen als „Stute“ (S. 115) bezeichnet wird; denn vor Jahren hat er Hanna selbst mit einem Pferd verglichen, was sie damals entsetzt hat (S. 69)[13].

---

13 Durch solche Parallelen gelingt Schlink immer wieder eine Verknüpfung der verschiedenen zeitlichen Ebenen.

Kapitel 9 (S. 119-124):

Der Reihe nach werden die Angeklagten zu der Bombennacht befragt, in welcher die gefangenen Frauen qualvoll in der Kirche verbrannt sind.

Eine nach der anderen tischt dem Richter eine Notlüge darüber auf, warum sie die Kirche nicht aufgeschlossen hat. Als Hanna ebenfalls befragt wird, nennt sie fadenscheinige und unglaubwürdige Gründe. Die Aufseherinnen seien doch für die Gefangenen verantwortlich gewesen. Sie hätten sie bei deren Freilassung nicht unter Kontrolle haben können. Hanna sagt offenbar die Wahrheit und belastet damit sich selbst. Als es dann darum geht, wer damals den Bericht über die Ereignisse geschrieben hat, gibt sie zu, ihn geschrieben zu haben.

Kapitel 10 (S. 125-129):

Während der Prozesszeit verbringt Michael die Sonntage gewöhnlich in der freien Natur, wo er in Ruhe über den Prozess nachdenken kann. Bei einem dieser Spaziergänge wird ihm plötzlich klar, dass Hanna Analphabetin ist und dass sie sich deshalb von ihm und zuvor von ihren Schützlingen im Lager hat vorlesen lassen. Es wird ihm auch klar, dass das der Grund ist, warum sich Hanna im Prozess so ungeschickt verhält und sich damit zunehmend selbst belastet. (Indem sie zugibt, dass sie den Bericht geschrieben hat, kann sie eine Schriftprobe vermeiden.)

Nun bringt Michael Verständnis für Hanna auf und fühlt sich selbst schuldig, sie falsch eingeschätzt zu haben und auch sie geliebt zu haben.

Kapitel 11 (S. 130-133):

Michael fühlt sich durch das Wissen um Hannas Analphabetismus nicht mehr nur als Prozessbeobachter, sondern in gewisser Weise als Teilnehmer, denn er könnte dem Prozess eine andere Wendung geben, indem er dem Richter die Wahrheit mitteilt. Er erwägt lange, ob er das tun soll, entscheidet sich aber schließlich dagegen, weil er Hanna in ihrer Scham nicht bloßstellen will.

Kapitel 12 (S. 134-139):

In seiner Verzweiflung, wie er handeln soll, geht Michael zu seinem Vater, weil er sich von ihm als Philosophieprofessor eine Antwort erhofft. Im Gespräch, in welchem Michael ganz abstrakt über das Problem berichtet, wird deutlich, dass der Vater Michael die Entscheidung nicht abnehmen kann. Jeder sei für sein Handeln selbst verantwortlich, ist die Essenz des Gesprächs, in welchem Michael wieder einmal bewusst wird, wie unpersönlich die Beziehung zwischen ihm und seinem Vater ist.

Kapitel 13 (S. 140-143):

In einer Prozesspause, in welcher das Gericht für zwei Wochen zu Untersuchungen nach Israel fährt, möchte sich Michael eigentlich auf sein Studium konzentrieren, was ihm aber nicht gelingt, weil er immer wieder an Hanna denken muss. Ihm kommen Bilder in den Kopf von Hanna als grausame KZ-Aufseherin und als liebevolle Vertraute, die sie einst für ihn war. Manchmal kommt es zu einer Vermischung dieser beiden Rollen Hannas, was Michael als sehr real empfindet und was ihm stark zu schaffen macht und ihn sich schuldig fühlen lässt.

Kapitel 14 (S. 144-147):

Weil Michael die Gedanken an die Nazizeit nicht loslassen, fährt er per Anhalter zum nächst gelegenen Konzentrationslager ins Elsaß.

Er wird von verschiedenen Fahrern mitgenommen, mit denen er über sein Fahrziel spricht. Als er bei einem Fahrer unterstellt, dieser habe bei der Erschießung von Juden zugesehen, (wahrscheinlich, da dieser so detailliert von einer solchen Erschießung berichtet), wird der Fahrer ganz blass und befiehlt Michael auszusteigen.

Den Rest des Weges geht Michael dann zu Fuß.

Kapitel 15 (S. 148-152):

Jahre später fährt Michael Berg noch einmal zum gleichen Konzentrationslager. Es gelingt ihm durch die Besuche dort aber nicht, einen tieferen Einblick in die ihm fremde Welt zu bekommen. Es gelingt ihm weder, Hannas Verhalten zu verstehen, noch es zu verurteilen, was er beides will, aber was sich nicht vereinbaren lässt.

Kapitel 16 (S. 153-155):

Schließlich geht Michael doch zum Richter, aber er bringt es nicht übers Herz, ihm die Wahrheit über Hannas Lebenslüge zu verraten. Zu Hanna selbst geht er deshalb nicht, weil er sich fragt, wie sie wohl mit ihm umgegangen wäre, wenn er damals in ihrer Obhut als KZ-Aufseherin gewesen wäre und weil er sich von ihr getäuscht und verraten fühlt.

Kapitel 17 (S. 156-157):

Schließlich lautet das Urteil gegen Hanna lebenslänglich, während die anderen Aufseherinnen nur zeitlich begrenzte Freiheitsstrafen bekommen.

Bei der Urteilsverkündung zieht Hanna die empörten Blicke der Prozessbeobachter auf sich, weil ihr schwarzes Kostüm mit weißer Bluse und Krawatte wie eine SS-Uniform wirkt.

Michael wartet am letzten Prozesstag darauf, dass sich Hanna noch einmal zu ihm umdreht, was sie aber nicht tut. Statt dessen lauscht sie bewegungslos der Urteilsverkündung. Ihr Blick wird als „hochmütig, verletzt, verloren und unendlich müde" (S. 157) beschrieben.

Teil 3 (S. 159-207)

Kapitel 1 (S. 159-163):

Nach dem Prozess ist Michael Berg ein ausgesprochen fleißiger Student, der Kontakte zu den Kommilitonen meidet. Dennoch fährt er mit einigen von ihnen über Weihnachten Ski. In diesem Skiurlaub wird er mit hohem Fieber ins Krankenhaus eingeliefert, denn er ist zuvor immer nur im Hemd Ski gefahren, ohne Kälte zu empfinden. Nach dem Krankenhausaufenthalt brechen die Gefühle, die sich während des Prozesses in ihm aufgestaut haben, wieder auf. Der Erzähler deutet dieses Ereignis selbst so, dass die Betäubung, die sich im Prozess eingestellt hat, körperlich offenbar wurde.

Nach diesem Ereignis macht sich Michael Gedanken über die sogenannte „Kollektivschuld" (S. 161) der Deutschen.

Michael empfindet wegen seiner eigenen persönlichen Vergangenheit Schuld und Scham, da er Hanna, eine Kriegsverbrecherin, zur Geliebten hatte.

Kapitel 2 (S. 164-166):

Als Referendar heiratet Michael die Juristin Gertrud, welche er im Skiurlaub kennen gelernt hat. Beide heiraten, als Gertrud ein Kind erwartet. Als die Tochter Julia fünf Jahre alt ist, lassen sich Michael und Gertrud wieder scheiden. Gertrud hat er nie etwas von Hanna erzählt. Ganz anders ist es bei seinen späteren Beziehungen. Da er sich selbst eingesteht, jede Frau müsse ein bisschen wie Hanna sein, glaubt er, es sei wichtig, den Frauen von Hanna zu erzählen. Damit stößt er aber mehr oder weniger auf Desinteresse, so dass er das Erzählen von seiner Vergangenheit mit Hanna wieder aufgibt.

Kapitel 3 (S. 167-170):

Während Michael sein zweites Examen schreibt, wird er wieder mit seiner Vergangenheit konfrontiert. Er geht widerstrebend zu der Beerdigung des Professors, welcher damals das KZ-Seminar veranstaltet hat.

Als er mit der Straßenbahn dorthin fährt, denkt er ein wenig wehmütig an die Zeit, in der Hanna Straßenbahnschaffnerin war.

Auf dem Friedhof wird er von einem Mitstudenten angesprochen, welcher mit ihm zusammen das KZ-Seminar besucht hat. Dieser bemerkt, dass Michael damals wohl besonders an einer der Angeklagten Interesse hatte. Nach der Beerdigung fragt er – wie Michael schon befürchtete – nach dem Grund für das Interesse. Um dieser Situation zu entkommen, verabschiedet sich Michael übereilt um angeblich die Straßenbahn noch unbedingt erreichen zu müssen, was ihm dann auch wirklich gelingt.

Kapitel 4 (S. 171-173):

Nach dem Referendariat weiß sich Michael Berg für keinen juristischen Beruf zu entscheiden. Schließlich ist er froh, dass ihm ein Professor für Rechtsgeschichte eine Stelle in der Rechtsforschung anbietet. In dieser Zeit intensiviert er wieder seine regelmäßige Lektüre, wobei er mit der „Odysee“ beginnt.

Kapitel 5 (S. 174-176):

Nach der Trennung von Gertrud liest er nicht mehr nur für sich selbst, sondern beginnt, für Hanna Kassetten mit literarischen Texten zu besprechen.

Eines Tages schickt er Hanna zahlreiche Kassetten und einen Kassettenrecorder ins Gefängnis.

Als er selbst anfängt Texte zu verfassen, liest er auch diese Hanna (per Kassette) vor. In den vielen Jahren, in denen er ihr Kassetten schickt, hat er nie etwas Persönliches darauf gesagt.

Kapitel 6 (S. 177-180):

Als Hanna vier Jahre im Gefängnis ist, bekommt Michael einen kurzen schriftlichen Dank von ihr zugeschickt, was ihn sehr erfreut, da er um ihre Kraft weiß, die sie ein solches Schreiben gekostet haben muss. Es folgen weitere kurze Briefe von Hanna, welche Michael aber nie erwidert. Obwohl sie nun selbst der Schriftsprache mächtig ist, liest Michael ihr aber weiterhin vor.

Kapitel 7 (S. 181-183):

Eines Tages bekommt Michael Berg einen Brief von der Gefängnisleiterin, in dem diese ihm mitteilt, in einer Woche werde Hanna Schmitz entlassen und da er offenbar ihre einzige Kontaktperson sei, möge er sich doch um eine Wohnung und um eine Arbeit für sie kümmern und zu einem Besuch in das Gefängnis kommen.

Michael Berg hat den Tag von Hannas Entlassung bislang verdrängt, so dass ihm der Gedanke an einen Gefängnisbesuch unangenehm ist.

Kapitel 8 (S. 184-188):

Am Sonntag besucht Michael Hanna. Er erinnert sich daran, wie er damals den Duft an Hanna geliebt hat; nun aber riecht sie nach Michaels Empfinden wie eine alte Frau.

Michael fragt sie, ob sie vor dem Prozess oft an ihre Vergangenheit denken musste, was sie verneint. Sie habe die Vergangenheit verdrängen können, was ihr im Gefängnis nicht mehr gelungen sei. Michael erzählt Hanna von ihrer neuen Wohnung und der neuen Arbeit, die er für sie finden will. Hanna scheint wenig interessiert daran zu sein. Vielmehr macht sie sich Gedanken darüber, dass ja bald das Vorlesen ein Ende haben werde. Insgesamt haben sich beide wenig zu sagen und verabschieden sich frühzeitig.

Kapitel 9 (S. 189-191):

In der folgenden Woche richtet Michael Berg Hannas Wohnung ein, besorgt ihr einen Job bei einem Schneider und sucht Informationen zu diversen Freizeitangeboten für sie. Bei all seinen Aktivitäten ist er sehr geschäftig und unruhig.

Wenn er zum Nachdenken kommt, befallen ihn immer wieder Gedanken an Hanna, wie sie früher war und wie sie heute ist.

Als Michael am Tag vor Hannas Entlassung mit der Gefängnisleiterin spricht, äußert er sich besorgt zum nächsten Tag.

Als er mit Hanna telefoniert, fällt ihm erstmals wieder ihre Stimme auf, welche nichts an Jugendlichkeit eingebüßt hat.

Ansonsten ärgert er sich über Hanna, die ihm vorwirft, Pläne für die Zukunft zu machen, was sie hingegen ablehnt zu tun.

Kapitel 10 (S. 192-198):

Am folgenden Tag erfährt Michael Berg von der Gefängnisleiterin, dass sich Hanna Schmitz am Morgen in ihrer Zelle erhängt hat. Michael sieht sich Hannas Zelle an, ohne auf die persönlichen Fragen der Leiterin zu antworten.

In der Zelle sieht er, dass Hanna sich intensiv mit Literatur zu KZ befasst hat.

Er hört dort von der Leiterin, dass sich Hanna während der gesamten Haftzeit nach einem Brief von Michael gesehnt hat.

Michael erhält Hannas letzten Willen, den sie für ihn niedergeschrieben hat. Er solle das Geld, welches sich in einer Teedose befände und 7000,- DM, die sie bei der Sparkasse habe, der Tochter geben, welche damals mit ihrer Mutter den Kirchenbrand überlebt habe, heißt es im letzten Brief von Hanna.

Als Michael später die tote Hanna im Krankenzimmer sieht, erkennt er in ihrem alten Gesicht ihre Gesichtszüge von früher wieder, was ihm bei der letzten Begegnung nicht gelungen ist.

Kapitel 11 (S. 199-204):

Im Herbst nutzt Michael Berg eine Tagung in Amerika dazu Hannas letztem Willen nachzukommen und besucht die Überlebende des Holocaust in New York, um ihr das Geld zukommen zu lassen.

Die Jüdin möchte das Geld aber nicht für eine Sache verwenden, die mit dem Holocaust zu tun hat, da ihr das vorkäme wie eine Lossprechung Hannas von ihrer Schuld. So überlässt sie nach intensivem Gespräch, in dem ihr Michael Berg seine frühere Liebschaft mit Hanna Schmitz und auch deren Analphabetismus gesteht, Michael das Geld, damit er es einer Stiftung für Analphabeten zukommen lasse und zwar möglichst einer jüdischen.

Kapitel 12 (S. 205-207):

Zehn Jahre nach seinem Besuch in Amerika reflektiert der Erzähler, warum er die Geschichte niedergeschrieben hat. Er ist sich selbst nicht im Klaren über seine Beweggründe, vermutet aber, das es ein Versuch war, sich die Geschichte von der Seele zu reden. Die Befreiung der bedrückenden Vergangenheit sei ihm aber nicht gelungen.

2.3 Die Charaktere der Hauptfiguren

Michael Berg

Der Protagonist und Erzähler des Romans „Der Vorleser“ ist Michael Berg. Er ist zudem die Titelfigur dieses Werks von Bernhard Schlink.

Michael ist heute ein Jurist, der von seiner Frau Gertrud geschieden ist und eine Tochter Namens Julia hat.

Wir lernen Michael in den verschiedenen Phasen seines Lebens kennen, als Schüler, Studenten, Referendaren und schließlich als Juristen. Insofern kann der Roman auch als Entwicklungsroman gelesen werden, welcher die zentralen Stationen im Leben eines jungen Mannes beschreibt:

> *„(1) Sexuelle Initiation[14] und Abschied von den Eltern*

---

14 **Initiation**: Einweihung / Aufnahme (hier: Aufnahme in die Welt der Erwachsenen)

(2) Lehr- und Wanderjahre der Studienzeit

(3) Existenzgründung

Jeder dieser Anfänge ist mit einem Widerhhaken versehen, sodass eine unproblematische Entwicklung verhindert wird. Gestört werden diese Anfänge durch die intime Nähe des jungen Mannes nicht nur zur Generation der Täter, sondern zu einer veritablen[15] *Täterin."*

Köster, Juliane: Bernhard Schlink: „Der Vorleser" (1995) – Eine Interpretation für die Schule[16], S. 73

Alle drei Lebensphasen Michaels sind geprägt von seiner Beziehung zu Hanna. Keine der Phasen kann er unbekümmert durchleben, weil er stets an Hanna denken muss.

Darin zeigt sich seine Abhängigkeit von ihr, welche er niemals aufgeben kann und welche ihn Zeit seines Lebens unfrei macht, wie folgendes Textbeispiel belegt:

„Ich habe nie aufhören können, das Zusammensein mit Gertrud mit dem Zusammensein mit Hanna zu vergleichen, und immer wieder hielten Gertrud und ich uns in den Armen und hatte ich das Gefühl, dass es nicht stimmt, dass sie nicht stimmt, dass sie sich falsch anfasst und anfühlt, dass sie falsch riecht und schmeckt. [...] Ich hoffte, es würde sich verlieren. Ich wollte von Hanna frei sein. Aber das Gefühl, dass es nicht stimmt, hat sich nie verloren."

Der Vorleser, S.164/165

In diesem Zitat zeigt sich, dass sich Michael seiner Abhängigkeit von Hanna bewusst ist. Das ist nicht von Anfang an so. Als Hanna plötzlich verschwunden ist, nachdem sie zuvor jeden Tag miteinander verbracht haben, wird Michael mit dieser Trennung kaum fertig. Dies zeigt sich in seinem veränderten Charakter. Im Nachhinein charakterisiert sich Michael selbst so:

„Alles fiel *mir leicht, alles wog leicht. Vielleicht ist das Erinnerungspäckchen deshalb so klein. Oder halte ich es klein?* [...] *Wenn ich*

---

15 **veritabel**: echt / wahrhaft

16 In: Der Deutschunterricht 4/99

länger zurückdenke kommen mir genug beschämende und schmerzliche Situationen in den Sinn und weiß ich, dass ich die Erinnerung an Hanna zwar verabschiedet, aber nicht bewältigt hatte. Mich nach Hanna nie mehr demütigen lassen und demütigen, nie mehr schuldig machen und schuldig fühlen, niemanden mehr so lieben, dass ihn verlieren weh tut – ich habe das damals nicht in Deutlichkeit gedacht, aber mit Entschiedenheit gefühlt. Ich gewöhnte mir ein großspuriges, überlegenes Verhalten an, ich präsentierte mich als einen, den nichts berührt, erschüttert, verwirrt. [...] *Ich erinnere mich auch daran, dass ich angesichts kleiner Gesten liebevoller Zuwendung einen Kloß im Hals spürte* [...]. *Dieses Nebeneinander von Kaltschnäuzigkeit und Empfindsamkeit war mir selbst suspekt.*"

Der Vorleser, S. 84/85

Wegen der großen Enttäuschung, die Hannas plötzliches Verschwinden in Michael bewirkte, war er nicht in der Lage, normal mit seinen Gefühlen umzugehen.

Aus Angst vor weiteren Enttäuschungen zeigte er sich anderen gegenüber gleichgültig, verschlossen und manchmal gefühlskalt. Er war in dieser Zeit nicht er selbst. Sein nach außen dargestellter Charakter war nicht das Spiegelbild seiner wahren Seele, die immer schon sehr empfindsam war. Symbolisch zu sehen ist von daher die folgende Begebenheit, die der Erzähler explizit deutet:

„*Ich vermied Kontakte.* [...] *Die wenigen Bekannten, die mich im Lesesaal oder bei gelegentlichen Kinobesuchen ansprachen, stieß ich zurück.* [...] *Trotzdem wurde ich gefragt, ob ich mit einer Gruppe von Studenten über Weihnachten auf eine Skihütte mitkommen wolle. Verwundert sagte ich zu.* [...] *Mir war nie kalt. Während die anderen in Pullovern und Jacken Ski fuhren, fuhr ich im Hemd. Die anderen schüttelten darüber den Kopf, zogen mich damit auf. Aber auch ihre besorgten Warnungen nahm ich nicht ernst. Ich fror eben nicht.* [...] *Dann bekam ich hohes Fieber und wurde ins Krankenhaus gebracht. Als ich es verließ, war die Betäubung vorbei. Alle Fragen, Ängste, Anklagen und Selbstvorwürfe, alles Entsetzen und aller Schmerz, die während des Prozesses aufgebrochen und gleich wieder betäubt worden waren, waren wieder da und blieben auch da.* [...] *Meine eigene Diagnose ist, dass die Betäubung sich meiner körperlich bemächtigen musste, ehe sie mich loslassen, ehe ich sie loswerden konnte.“*

Der Vorleser, S. 159/160

Dieses Ereignis zeigt, wie tiefgründig Michael Bergs Innenleben eigentlich ist und wie außerordentlich schwer es für ihn ist, seine Gefühle zuzulassen und nach außen zu zeigen.

Sein Leben ist seit dem Prozess vor allem geprägt von Schuldgefühlen und von offenen Fragen, auf die er nie eine Antwort findet.

Auch über ihren Tod hinaus hat Hanna Michael und sein Gewissen fest im Griff:

„In den ersten Jahren nach Hannas Tod haben mich die alten Fragen gequält, ob ich sie verleugnet und verraten habe, ob ich ihr etwas schuldig geblieben bin, ob ich schuldig geworden bin, indem ich sie geliebt habe, ob ich und wie ich mich von ihr hätte lossagen, loslösen müssen. Manchmal habe ich mich gefragt, ob ich für ihren Tod verantwortlich bin“

Der Vorleser, S. 205

Nicht zuletzt wegen der ihn quälenden Vorwürfe wollte Michael Berg seine Lebensgeschichte, die in engem Zusammenhang mit Hannas Lebensgeschichte steht, niederschreiben.

Das Schreiben sollte es ihm ermöglichen, sich von den ihn plagenden Erinnerungen zu lösen, was er aber nicht geschafft hat, wie er sich am Ende der Erzählung selbst eingestehen muss.

Hanna Schmitz

Hanna begegnet uns in zwei Rollen. Sie ist zunächst die sechsunddreißigjährige Straßenbahnschaffnerin, die eine sexuelle Beziehung zu Michael hat. In dieser Rolle ist sie zwar dominant, aber auch liebevoll. Im zweiten Teil des Romans begegnet sie dem Leser in ihrer Rolle als KZ-Aufseherin, in welcher sie gefühlskalt und beherrschend ist. Aus der Perspektive Michaels betrachtet, ist es im Verlauf des Romans immer weniger möglich, die beiden Rollen voneinander getrennt zu betrachten:

„Ich sah Hanna bei der brennenden Kirche, mit hartem Gesicht, schwarzer Uniform und Reitpeitsche. Mit der Reitpeitsche zeichnet sie Kringel in den Schnee und schlägt gegen die Stiefel schäfte. Ich sah sie, wie sie sich vorlesen lässt. Sie hört aufmerksam zu, stellt keine Fragen und macht keine Bemerkungen. Als die Stunde vorbei ist, teilt sie der Vorleserin mit, dass sie morgen mit dem Transport nach Auschwitz geht. [...] Neben diesen Bildern sah ich die anderen. Hanna, die in der Küche die Strümpfe anzieht, die vor der Badewanne das Frottiertuch hält [...] Hanna, die mir zuhört, die zu mir redet, die mich anlacht, die mich liebt. Schlimm war, wenn die Bilder durcheinander gerieten. Hanna, die mich mit den kalten Augen und dem schmalen Mund liebt, die mir wortlos beim Vorlesen zuhört und am Ende mit der Hand gegen eine Wand schlägt, die zu mir redet und deren Gesicht zur Fratze wird."

Der Vorleser,S. 140/141

Hanna hat einen Mischcharakter und gerade das macht es Michael und somit dem Leser schwer, sie lediglich in ihrer Täterrolle zu sehen.

Hanna ist in Siebenbürgen aufgewachsen und im Alter von siebzehn Jahren nach Berlin gekommen, wo sie eine Stelle bei der Firma Siemens angenommen hat. Mit einundzwanzig Jahren ging sie „zu den Soldaten" (S.40). Nach dem Krieg ist sie Straßenbahnschaffnerin geworden. Das ist alles, was sie ihrem jungen Geliebten Michael über ihre Vergangenheit erzählt. Dabei verheimlicht sie ihre Tätigkeit als KZ-Aufseherin in einem Lager in der Nähe von Krakau, in welchem unter anderem durch ihre Schuld zahlreiche Häftlinge ums Leben gekommen sind.

Das erfährt Michael erst Jahre später im Prozess, der ihr und anderen Aufseherinnen gemacht wird. Hanna wurde am 21.Oktober 1922 bei Hermannstadt geboren und ist zum Zeitpunkt des Prozesses dreiundvierzig Jahre alt. Wie bereits sieben Jahre zuvor, als sie mit Michael zusammen war, ist ihre Statur noch kräftig. Sie hat einen breiten Rükken und kräftige Arme. Ihr äußeres Erscheinungsbild, aber auch ihre geistige Dominanz führte sowohl bei Michael, als auch bei den ihr anvertrauten Häftlingen dazu, dass sie ihr den Spitznamen „Pferd" (S.69) bzw. „Stute" (S.115) gaben.

Zur SS ist sie im Herbst 1943, also im jungen Alter von einundzwanzig Jahren gegangen.

Hannas Leben ist vor allem geprägt von ihrem Analphabetismus. Ihr Leben lang versucht sie ihr Manko zu verbergen und verstrickt sich in Lügen, damit ihre Schwäche, derer sie sich schämt, nicht offenkundig wird. Erst in ihren letzten Lebensjahren stellt sie sich ihrer Schwäche und lernt lesen und schreiben, was sie als starke und ehrgeizige Frau auszeichnet.

Neben dem Analphabetismus bestimmt Hannas tiefe Schuld ihr Leben. Schließlich weiß sie keinen Ausweg, mit ihrer Schuld als Täterin fertig zu werden und bringt sich um.

2.4 Struktur, Stil und Sprache

Der Roman „Der Vorleser“ gliedert sich in drei Hauptteile. Der erste Teil (S. 5-81) umfasst wie der zweite Teil (S. 83-153) 17 Kapitel. Der dritte Teil (S. 159-207) enthält 12 Kapitel.

Die Chronologie der Ereignisse in Hannas und Michaels Leben manifestiert sich an folgenden primären Ereignissen:

TEIL 1:

- **21. Oktober 1922**: Hanna wird geboren.
- **1939/40**: Hanna fängt bei Siemens in Berlin an.
- **1943**: Michael wird geboren.
- **1943/44**: Hanna ist KZ-Aufseherin in Auschwitz und bei Krakau.
- **1944**: Flucht der Aufseherinnen und Häftlinge / Luftangriff auf die Kirche
- **1958**: Hanna und Michael lernen sich kennen.
- **1958/59**: Michael hat Gelbsucht
- **Februar 1959**: Beginn der Beziehung zwischen Hanna und Michael
- **Ostern 1959**: Gemeinsame Fahrradtour
- **Sommer 1959**: Ende der Beziehung

TEIL 2:
• **1959 – 1966**: Michael beendet die Schule. Beginn seines Jura-Studiums • **Frühjahr 1966**: Beginn des Prozesses • **Juni 1966**: Gericht in Israel / Michael besucht ein KZ • **Ende Juni 1966**: Hanna bekommt eine lebenslängliche Freiheitsstrafe
TEIL 3:
• **1967/68**: Michael lernt seine spätere Frau Gertrud kennen. • **1968**: Michael beginnt mit dem Referendariat • **1968**: Michael und Gertrud heiraten. Tochter Julia wird geboren. • **1974**: Michael und Gertrud lassen sich scheiden. Michael beginnt mit dem Besprechen der Kassetten für Hanna. • **1978**: Hanna schreibt einen Brief an Michael. • **1983**: Hannas Entlassung wird angekündigt. • **1984**: Hanna und Michael sehen sich im Gefängnis wieder. • **1984**: Hanna wird begnadigt. Michael bereitet alles für ihre Entlassung vor (Wohnung, Job etc.) • **1984**: Hanna bringt sich um • **Herbst 1994**: Michael übergibt in New York der ehemaligen Inhaftierten Hannas Hinterlassenschaft.

Es werden im Roman die Liebesgeschichte von Hanna und Michael mit dem heiklen Thema Holocaust verknüpft. Dabei wird die moralische aber auch juristische Frage der Schuld thematisiert.

Die gesamte Handlung wird aus der Perspektive von Michael Berg erzählt. Durch die konsequent eingehaltene Erzählperspektive wird die

Situation des Protagonisten in ihrer Komplexität deutlich: Einerseits will der Student Berg die deutsche Vergangenheit aufarbeiten und Kriegsverbrecher bestraft sehen, andererseits ist er hinsichtlich der KZ-Aufseherin und früheren Geliebten in seinem Urteil befangen. Er stellt die Anklagerituale, die nur den Kriminellen, aber nicht die Person und deren Lebenshintergründe sehen, in Frage und fühlt sich unwohl in seiner Position als Prozessbeobachter.

Diese Gefühle werden in inneren Monologen besonders deutlich. Die Sprache ist philosophisch und klar, sie geht in die Tiefe und ist dennoch gut verständlich.

Vorgriffe, Kommentare und Reflexionen bauen eine permanente Spannung auf. Obwohl der Erzähler über Geschehenes reflektiert, ist die Handlung immer sehr präsent, denn er schildert sehr genau seine damaligen Gefühle und beschreibt das Gesehene detailliert.

In einer Rezension in „Die Weltwoche" von 1995 heißt es zur Sprache Schlinks:

> *„Bernhard Schlinks Erzählkunst besteht darin, fern aller Political Correctness zwei ineinander verschränkte Biographien mit schnörkelloser, unerbittlicher Wahrhaftigkeit nachzuzeichnen. Der Protagonist will verstehen und verurteilen, er will Hanna ‚weit weg' von sich haben und kann die Liebe von einst doch nicht verleugnen. Es sind die einfachen Sätze dieses Romans, die ein kaum erträgliches Maß an Erschütterung in sich bergen. Schlink reiht sie aneinander, ohne jedes Auftrumpfen, gibt ihnen eine Resonanzkraft, wie sie allein große Literatur besitzt."*
>
> **Moritz, Rainer: „Die Liebe zur Aufseherin". In: Die Weltwoche, Zürich, 23.11.1995**

Aufgabenblock 2

- Fassen Sie den Romaninhalt in etwa 250 eigenen Worten zusammen.
- Erläutern Sie die Veränderung, die sich in der Hauptfigur Michael von seiner Jugend bis heute vollzieht.
- Erläutern Sie, wie der Erzähler Hanna beschreibt und was sich in den drei Romanteilen hinsichtlich der Beschreibung ändert.
- Stellen Sie in einer Skizze die Veränderungen in der Beziehung zwischen Michael und Hanna dar.
- Untersuchen Sie die Textpassagen, in denen die Realität in die Traum- und Gedankenwelt Michaels übergeht.

Literaturblock 2

Moritz, Rainer: Die Liebe zur Aufseherin, Die Weltwoche, Zürich, 23.11.1995

Hage, Volker: Der Schatten der Tat, Der Spiegel, Hamburg, 20.11.1995

Stolleis, Michael: Die Schaffnerin, Frankfurter Allgemeine Zeitung, 9.9.1995

2.5 Die Schuldfrage

Als der Jurastudent Michael Berg am Seminar zur „Aufarbeitung der Vergangenheit“ teilnimmt, glaubt er klar zwischen Gut und Böse trennen zu können.

Er selbst zählt sich zu den Guten, denn er ist Bestandteil der jungen Nachkriegsgeneration, die keine direkte Schuld an der Nazi-Vergangenheit Deutschlands trägt, während für ihn die Generation seiner Eltern und die Personen auf der Anklagebank die durchweg Bösen, die Schuldigen sind.

So beschreibt er sich und seine gleichaltrigen Studienkollegen wie folgt:

> *„Aufarbeitung! Aufarbeitung der Vergangenheit! Wir Studenten des KZ-Seminars sahen uns als Avantgarde der Aufarbeitung. [...] Wir rissen die Fenster auf, ließen die Luft herein, den Wind, der endlich Staub aufwirbelte, den die Gesellschaft über die Furchbarkeiten der Vergangenheit hatte sinken lassen.“*
>
> **Der Vorleser**, S. 87

Diese naive Schwarz-Weiß-Malerei kann der Erzähler so lange aufrecht erhalten, bis er in einer der Angeklagten seine ehemalige Geliebte Hanna erkennt. Dadurch verliert der Student seine Urteilssicherheit. Er kann in Hanna nicht nur die böse und gefühlskalte KZ-Aufseherin sehen, sondert sieht in ihr auch immer noch die ihn erregende und liebende Frau. Zwar trägt sie eine tiefe Schuld, aber durch das persönliche Hintergrundwissen, das Michael Berg von ihr hat, scheint sich die Schuld für ihn zu relativieren, was ihm große Probleme bereitet, wie in der von ihm beschriebenen Traumsequenz deutlich wird, als sich die grausame Realität mit der wunderschönen Vergangenheit mischen:

> *„Das Schlimmste waren die Träume, in denen mich die harte, herrische, grausame Hanna sexuell erregte und von denen ich in Sehnsucht, Scham und Empörung aufwachte.“*
>
> **Der Vorleser**, S. 141/142

Weil Hanna eine Schuld trägt und Michael eine enge Beziehung zu ihr hatte, fühlt er sich deshalb nun selbst schuldig. Diese Empfindung überkommt ihn immer dann, wenn er positive Empfindungen mit Hanna in Verbindung bringt.

Es ist dieses Schuldgefühl, dass ihn erst acht Jahre nach dem Urteilsspruch gegen Hanna mit ihr Kontakt aufnehmen lässt.

Schlink selbst zählt zu der gleichen Generation wie seine Kunstfigur Michael. Auch er hat mit dem Krieg nichts mehr zu tun gehabt. Aber er will keine Schuldzuweisungen zum Ausdruck bringen. Derer gibt es in der deutschen Literatur wohl mehr als genug.

Schlink stellt vielmehr den Umgang der eigenen Generation mit der Vergangenheit ihres Landes in Frage:

> *„Der junge* [Michael] *Berg aus Schlinks Roman gehört zu der Generation, die gegen ihre Väter aufbegehrt. Freilich macht ihn die Konfrontation mit seiner privaten Geschichte bald zum Außenseiter. Er wird hellhörig für die inneren Widersprüche der Altersgenossen, die sich in der Anklage von jeder Mitverantwortung freisprechen. Im Rückblick fragt er sich: Wie kann man Schuld und Scham empfinden und zugleich selbstgerecht auftrumpfen? War die Absetzung von den Eltern nur Rhetorik, Geräusch, Lärm, die übertönen sollten, dass mit der Liebe zu den Eltern die Verstrickung in deren Schuld unwiderruflich eingetreten war?“*
>
> **Hage, Volker: Der Schatten der Tat. In: Der Spiegel, Hamburg, 20.11.1995**

Es wird neben diesem Aspekt der Schuld noch ein anderer beleuchtet, welcher dem Roman eine überraschende Wendung gibt.

Aus Angst davor, als Analphabetin entlarvt zu werden, verstrickt sie sich im Verlauf des Prozesses in Schuldeingeständnisse, die sie mehr belasten als es eigentlich gerechtfertigt wäre. So gibt sie zu, einen belastenden Bericht geschrieben zu haben, den sie ja gar nicht geschrieben haben kann, um eine Schriftprobe zu entgehen. Sie ist demnach nicht schuldiger als ihre Mitangeklagten, welche ihr die Schuld zuwiesen um sich selbst zu entlasten.

Nun ist Michael Berg in einer prekären Situation:

„Soll Berg den Richter von seiner Erkenntnis unterrichten? Er besucht ihn zwar, doch als er dann vor ihm sitzt, reden sie über andere Dinge. Ist er damit an der Schuldigen schuldig geworden? Eine gewagte Romankonstruktion: Die übliche und erleichternde Trennung in jene, die eindeutig schuldig sind (und gesprochen werden), und jene, die nichts mit der Sache zu tun zu haben scheinen, (weil sie jung sind wie Berg oder eben nicht vor Gericht stehen) wird unterhöhlt."

Hage, Volker: Der Schatten der Tat. In: Der Spiegel, Hamburg, 20.11.1995

Der junge Jurist Michael Berg reflektiert über seine ganz persönliche Geschichte und kommt dabei zu ganz allgemeinen Gedankengängen. Er macht sich Gedanken über die Abgründe von Strafprozessen und über Schuld bzw. subjektive Schuldgefühl. Hier hat der Leser den Eindruck, der Autor und Jurist Bernhard Schlink äußert durch seine Romanfigur, aber:

„Nach drei spannenden Kriminalromanen, die wohl von manchen Kollegen als nicht ganz ‚leitbildkonform' registriert worden waren ist dies nun Schlinks persönlichstes Buch. Nicht alles in ihm ist erfunden, aber woher ein Autor seinen Stoff nimmt, ist seine Sache, nicht die des neugierigen Lesers."

Stolleis, Michael: Die Schaffnerin. In: Frankfurter Allgemeine Zeitung, Frankfurt, 9.9.1995

Im Jahr 2000 aber äußerte sich Schlink in einem Interview der Zeitschrift „Der Spiegel" zur Thematik Schuld und diesbezüglich auch zur Authentizität des Buches:

„Das Thema selbst, Schuld, Verstrickung in Schuld, hat mich schon lange beschäftigt, auch wissenschaftlich. Die anderen Elemente kommen aus Gehörten, Gesehenem, Gefühltem, Erinnertem – wie genau sich das Zusammenfügt, keine Ahnung. [...] Natürlich spielt das [Autobiographische] immer hinein, aber wenn ich ‚Roman' drauf schreibe, ist es eben Fiktion."

Spiegel-Gespräch „Ich lebe in Geschichten". In: Der Spiegel, Hamburg, 2000 (Heft 4/2000)

Für Schlink ist das zentrale Thema des Romans die Schuld bzw. die Verstrickung in dieselbe. Hier ist natürlich die Schuld Hannas in ihrer Rolle als KZ-Aufseherin zentral und auch die Schuld des Michael, welcher eine Liebesbeziehung zu ihr hatte und sich dadurch ebenfalls schuldig fühlt.

Auch die Kollektivschuld der Deutschen wird sensibel und kritisch vom Erzähler überdacht:

> *„Was immer es mit Kollektivschuld moralisch und juristisch auf sich haben oder nicht auf sich haben mag – für meine Studentengeneration war sie eine erlebte Realität. Sie galt nicht nur dem, was im Dritten Reich geschehen war. Dass jüdische Grabsteine mit Hakenkreuzen beschmiert wurden, dass so viele alte Nazis bei den Gerichten, in der Verwaltung und an den Universitäten Karriere gemacht hatten, dass die Bundesrepublik den Staat Israel nicht anerkannte, dass Emigration und Widerstand weniger überliefert wurden als das Leben in der Anpassung – das alles erfüllte uns mit Scham, selbst wenn wir mit dem Finger auf die Schuldigen zeigen konnten."*
>
> **Der Vorleser**, S. 161

Aber es wird auch deutlich, dass der Protagonist generell für das Thema Schuld sensibilisiert ist.

So fühlt er sich seiner Tochter gegenüber schuldig, da er sich von seiner Frau getrennt hat. Er schildert die Situation des Kindes sehr einfühlsam:

> *„Sie begriff lange nicht, was Scheidung bedeutet, und wollte, wenn ich zu Besuch kam, dass ich bleibe, und wenn sie mich besuchte, dass Gertrud mitkommt. Wenn ich ging und sie aus dem Fenster sah und ich unter ihrem traurigen Blick ins Auto stieg, brach mir das Herz. Und ich hatte das Gefühl, dass das, was wir ihr verweigerten, nicht nur ihr Wunsch war, sondern dass sie ein Recht darauf hatte. Wir haben sie um ihr Recht betrogen, indem wir uns haben scheiden lassen, und das wir es gemeinsam taten, hat die Schuld nicht halbiert."*
>
> **Der Vorleser**, S. 165

Andere im Roman neben der Schuld angesprochene Themen sind allerdings nicht weniger wichtig. Hier ist vor allem die Thematik des sogenannten „Sekundären Analphabetismus“ zu nennen (siehe 2.6).

2.6 Sekundärer Analphabetismus

Die Protagonistin des uns vorliegenden Romans ist Analphabetin, was Michael erst während des Gerichtsprozesses klar wird:

> *„Hanna konnte nicht lesen und schreiben. Deswegen hatte sie sich vorlesen lassen. Deswegen hatte sie mich auf unserer Fahrradtour das Schreiben und Lesen übernehmen lassen und war am Morgen im Hotel außer sich gewesen, als sie meinen Zettel gefunden, meine Erwartung, sie kenne seinen Inhalt, geahnt und ihre Bloßstellung gefürchtet hatte. Deswegen hatte sie sich der Beförderung bei der Straßenbahn entzogen; ihre Schwäche, die sie als Schaffnerin verbergen konnte, wäre bei der Ausbildung zur Fahrerin offenkundig geworden.“*
>
> **Der Vorleser**, S. 126/127

Ihr eigener Wunsch zur SS zu gehen beruhte auch auf der Tatsache ihres Analphabetismus. Hanna stand nämlich die Beförderung zur Vorarbeiterin bei Siemens bevor. Dadurch wäre aber ihre Schwäche, weder lesen noch schreiben zu können, aufgefallen.

Es stellt sich nun natürlich dem Erzähler und auch dem Leser die Frage, ob Hanna wegen der Tatsache, dass sie ihre eigene Bloßstellung verhindern wollte, zur kaltblütigen Verbrecherin wurde.

Hanna ist trotz oder gerade wegen ihres Analphabetismus sehr an deutscher Literatur interessiert und lässt sich unter einem Vorwand vom jungen Michael Berg vorlesen:

> *„Lies es mir vor!“*
>
> *„Lies selbst, ich bring's dir mit.“*
>
> *„Du hast so eine schöne Stimme, Jungchen, ich mag die lieber zuhören als selbst lesen.“*
>
> **Der Vorleser**, S.43

Von da an wird das Lesen fester Bestandteil des Liebeslebens der beiden unterschiedlichen Liebespartner:

„Ich musste ihr eine halbe Stunde lang ‚Emilia Galotti' vorlesen, ehe sie mich unter die Dusche und ins Bett nahm. Jetzt war ich über das Duschen froh. Die Lust, mit der ich gekommen war, war über dem Vorlesen vergangen. Ein Stück so vorzulesen, dass die verschiedenen Akteure einigermaßen erkennbar und lebendig werden, verlangt einige Konzentration. Unter der Dusche wuchs die Lust wieder. Vorlesen, duschen, lieben und noch ein bisschen beieinander liegen – das wurde das Ritual unserer Treffen."

Der Vorleser, S. 43

Wie sich im Prozess herausstellt, hat sich das Ritual des Vorlesens schon zuvor im KZ vollzogen, als sich Hanna als Aufseherin von verschiedenen ihr anvertrauten inhaftierten Mädchen vorlesen ließ:

„Ja, sie hatte Lieblinge, immer eine von den jungen, schwachen und zarten, und die nahm sie unter ihren Schutz und sorgte, dass sie nicht arbeiten mussten, brachte sie besser unter und verköstigte sie besser, und abends holte sie sie zu sich. Und die Mädchen durften nicht sagen, was sie abends mit ihnen machte, und wir dachten, dass sie mit ihnen ... auch weil sie alle in den Transport [zum Vernichtungslager] kamen, als hätte sie mit ihnen ihren Spaß und sie dann sattgehabt. Aber so war es gar nicht, und eines Tages hat doch eines geredet, und wir haben gewusst, dass die Mädchen ihr vorgelesen haben, Abend um Abend um Abend."

Der Vorleser, S. 112

In diesem Moment, als die Mitangeklagte Hannas diese Aussage macht, dreht sich Hanna zu Michael um.

Es wird hier eine Verbindung hergestellt zwischen beiden Phasen von Hannas Vergangenheit. Von nun an kann Michael in Hanna auch nicht mehr nur die kaltblütige Täterin sehen, sondern sieht in ihr auch das Opfer, nämlich das Opfer ihrer eigenen Unfähigkeit, lesen und schreiben zu können.

Im Gefängnis bekommt Hanna von Michael Kassetten mit von ihm vorgelesenen literarischen Texten zugeschickt, mit deren Hilfe sie lesen und schreiben lernt und Michael sogar mehrmals schreibt. Als er ihren ersten schriftlichen Gruß erhält, kann er es kaum glauben:

> *„Ich las den Gruß und war erfüllt von Freude und Jubel. ‚Sie schreibt, sie schreibt!' Was immer ich in all den Jahren über Analphabetismus hatte finden können, hatte ich gelesen. Ich wusste von der Hilflosigkeit bei alltäglichen Lebensvollzügen, beim Finden eines Wegs und einer Adresse oder beim Wählen eines Gerichts im Restaurant, von der Ängstlichkeit, mit der der Analphabet vorgegebenen Mustern und bewährten Routinen folgt, von der Energie, die das Verbergen der Lese- und Schreibunfähigkeit erfordert und vom eigentlichen Leben abzieht. Analphabetismus ist Unmündigkeit. Indem Hanna den Mut gehabt hatte, lesen und schreiben zu lernen, hatte sie den Schritt aus der Unmündigkeit zur Mündigkeit getan, einen aufklärerischen Schritt."*
>
> **Der Vorleser**, S. 178

Schlink greift mit seinem Roman das Thema „Sekundärer Analphabetismus" auf, welches in unserer zivilisierten Gesellschaft kaum Beachtung findet oder tabuisiert wird, dabei ist die Anzahl der Betroffenen alarmierend. Hier einige Informationen zum Thema:

SEKUNDÄRER ANALPHABETISMUS

Während die Rate der Analphabeten in den Ländern der sogenannten Dritten Welt zurückgeht, steigt sie in den Industrieländern, was die folgende Grafik zeigt:

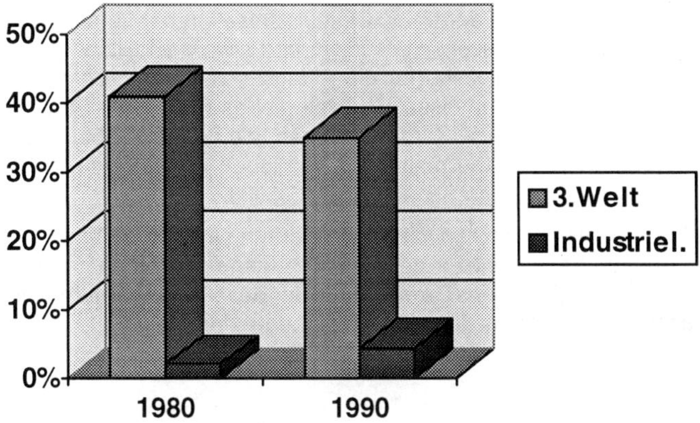

In den Industrieländern handelt es sich vorwiegend um den sogenannten „funktionalen“ bzw. „sekundären“ Analphabetismus. Das bedeutet, die Betroffenen haben zwar zu lesen und zu schreiben gelernt, können mit diesen Fähigkeiten im Alltag aber kaum etwas anfangen. Sie haben Schwierigkeiten mit ihrer Umwelt zurecht zu kommen, welche von Schrift geprägt ist. Sie können keine Zeitungen, Schilder, Beipackzettel o.a. lesen. Um dennoch ihren Alltag bewältigen zu können, entwickeln sie Strategien, bitten also beispielsweise Passanten, ihnen einen Fahrplan vorzulesen, da sie ihre Brille vergessen hätten oder lassen in einer Behörde von einem Beamten ein Formular ausfüllen, da sie wegen einer Verletzung an der Hand nicht schreiben könnten.

Nicht schreiben oder lesen zu können ist in der zivilisierten Welt ein Tabu. Es werden zwar von verschiedenen Bildungseinrichtungen – wie den Volkshochschulen – Kurse für Analphabeten angeboten. Weil sie sich ihrer Schwäche schämen teilen sich die Betroffenen aber oft niemandem mit, der sie dann auf solche Angebote aufmerksam machen könnte. In Deutschland können nach einer Studie der OECD (Organisation für wirtschaftliche Zusammenarbeit und Entwicklung) ca. 14% der Bevölkerung nicht richtig lesen, schreiben und rechnen. Das sind etwa elf Millionen Mitbürger! Wenn man den Bereich Rechnen außen vor lässt, haben nach Angaben der UNESCO (Organisation der Vereinten Nationen für Erziehung, Wissenschaft und Kultur) etwa vier Millionen deutschsprachige Menschen keine für die Alltagsbewältigung ausreichenden Lese- und Schreibkenntnisse. Weltweit gibt es nach einer Statistik der UNESCO zur Zeit etwa 1 Mrd. Menschen, die des Schreibens und Lesens unkundig sind. Die meisten davon leben in Asien (ca.833 Mill.), Afrika (ca. 124 Mill.) und Südamerika (25 Mill.).

Vielleicht kann der Roman mit der Schilderung möglicher fataler Folgen des Analphabetismus bzw. des Verschweigens desselben dazu beitragen, dass das Thema ins Bewusstsein der Bevölkerung kommt und den Betroffenen mehr geholfen wird als es heute der Fall ist!

Aufgabenblock 3

- Definieren Sie nach ihrem persönlichen Verständnis den Begriff „Schuld“.
- Entwerfen Sie ein Schaubild mit den im Roman dargestellten Aspekten der Schuld.
- Wie wird in anderen Werken mit dem Thema der Schuld im und nach der Nazi-Zeit umgegangen? Gibt es Unterschiede zu Schlinks Umgangsweise mit diesem Thema?
- Informieren Sie sich über die heutige Situation hinsichtlich des sekundären Analphabetismus in den Entwicklungsländern und in den Industrienationen und vervollständigen sie die Grafik mit weiteren Informationen.
- Diskutieren Sie über die Ursachen des sekundären Analphabetismus und über mögliche Lösungen des Problems.
- Entwerfen Sie Plakate, die auf das Problem des Analphabetismus aufmerksam machen sollen.
- Suchen Sie im Text Beispiele dafür, wie Hanna mit dem Analphabetismus umgeht.
- Lesen Sie den Kriminalroman „Urteil in Stein“ von Ruth Rendell und vergleichen sie den dortigen Umgang mit dem Thema „Analphabetismus“ mit der Behandlung des Themas im Roman „Der Vorleser“. (Der Roman „Urteil in Stein“ diente als Vorlage für den Film „Biester“ von Claude Chabrol aus dem Jahre 1995).

Literaturblock 3

Thema Schuld:

Rosh, L. / Jäckel, E.: Der Tod ist ein Meister aus Deutschland – Deportation und Ermordung der Juden, Hamburg, 1990

Seger, T.: Die Soldaten des Bösen. Zur Geschichte der KZ-Kommandanten, Reinbeck, 1991

Kogon, E.: Der SS-Staat. Das System der deutschen Konzentrationslager, München, 1974

Bober, Robert: Was gibt's Neues vom Krieg?, aus dem Französischen von Tobias Scheffel, Verlag Antje Kunstmann, München

Lustiger, Gila: Die Bestandsaufnahme, Aufbau Verlag, Berlin

Ransmayr, Christoph: Morbus Kitahara, Fischer Verlag, Frankfurt am Main

Thema funktionaler Analphabetismus:

Drecoll, Frank / Kuhlmann, Ilse (Hrsg.): Für ein Recht auf Lesen. Analphabetismus in der Bundesrepublik Deutschland, Frankfurt am Main, 1981

Drecoll, Frank / Kuhlmann, Ilse: Lektüre für Neu-Leser, Münster (LNL), 1989

Hamburger Erwachsenenbildung (Hrsg.): Die geheiligte Schrift. Ein Reader zur Alphabetisierung deutschsprachiger Erwachsener, München, 1986

Hubertus, Peter: Alphabetisierung und Analphabetismus. Eine Bibliographie (Nachweis von ca. 1000 deutschsprachigen Titeln), Münster, 1998

Kamper, Gertrud: Wenn LESEN und SCHREIBEN und LERNEN schwerfallen. Beiträge und methodische Hilfen zur Grundbildung, Münster, 1997

Nahrgang, Frauke: Katja und die Buchstaben, Kevelar, 1991

Weitere Informationen zum Thema sind erhältlich bei:

Bundesverband Alphabetisierung e.V. (Geschäftsstelle), Goebenstraße, 48151 Münster / www.bundesverband@alphabetisierung.de

3. Rezensionen zu „Der Vorleser“

Die zahlreichen Literaturkritiken und Rezensionen [= kritische Buchbesprechungen] zu Bernhard Schlinks Roman sind vorwiegend positiv, wie beispielhaft die folgenden Zitate aus diversen Artikeln renommierter Zeitungen und Zeitschriften zeigen sollen:

- „Dieses Buch sollte man sich nicht entgehen lassen, weil es in der deutschen Literatur unserer Tage hohen Seltenheitswert besitzt.“ Tilman Krause, Der Tagesspiegel, Berlin
- „Der beklemmende Roman einer grausamen Liebe. Ein Roman von solcher Sogkraft, dass man ihn, einmal begonnen, nicht aus der Hand legen wird.“ Hannes Hintermeier, Abendzeitung, München
- „Ein Roman von bestechender Aufrichtigkeit. Was für ein Glück, dass dieses Buch geschrieben wurde!“ Rainer Moritz, Die Weltwoche, Zürich
- „Ein literarisches Ereignis“ Der Spiegel, Hamburg
- „Ein wunderbares Buch.“ Le Monde, Paris

Auch von hochrangigen Literaturkritikern Deutschlands wird der Jurist als Schriftsteller ernst genommen und gelobt.

Was die Faszination bei der Lektüre von „Der Vorleser“ ausmacht und das Buch zum mehrfach dotierten Bestseller machte, beleuchten die folgenden Auszüge aus diversen Urteilen und Analysen zum Roman Schlinks:

„[...] eine Laudatio [= Lobrede] auf Bernhard Schlink und seinen ‚Vorleser‘ auszubringen ist leicht und schwer zugleich: leicht, weil die bei vielen literarischen Ehrungen in menschenfreundlicher Diskretion vertagte Frage, ob denn das Geehrte seine Feierstunde dem nachschubhungrigen Kulturbetrieb oder geistiger Notwendigkeit verdanke, beim ‚Vorleser‘ unbezweifelbar, nämlich vom Publikum und von der internationalen Kritik beantwortet ist. Sieht man die Rezensionen des ‚Vorlesers‘ in Deutschland und in der Welt durch, dann ist es so, als ergäben sie, komprimiert, einen einzigen Satz: *Das ist das Buch, auf das wir so lange gewartet haben, ohne es zu wissen.* [...]

Neugierig haben sie [die Leser] zu lesen begonnen, ratlos, schockiert, mit dem Gefühl erst schwankenden, dann schwindenden Boden unter den Füßen legen sie den kleinen Roman, das Gegenteil eines klassischen Schmökers, nach ein paar Stunden zur Seite. Wen immer ich bei der Vorbereitung auf den heutigen Tag nach dem ‚Vorleser' gefragt habe, der antwortete mit einem Satz, den man, klänge er nicht so trivial, dem Verlag als Slogan für die Banderole empfehlen möchte [:] ‚Ich hab's in einer Nacht ausgelesen.' [...]

Die ersten Leser sind die Rezensenten. Sie haben [...] die Geschichte von Michael und Hanna durchwegs als Gleichnis auf das heillose Verhältnis der Nachkriegsdeutschen zur im Verborgenen weiter existierenden Wirklichkeit der Nazi-Zeit interpretiert. [...] Schlink hat es nicht bei symbolischen Stellvertretungen belassen. ‚Der Vorleser' ist im zentralen Teil auch ein unerhört dichtes Selbstgespräch des Autors über den Umgang der Deutschen mit Schuld und Sühne. [...] Schlink hat darauf verzichtet, aus seinen zart angespielten Leitmotiven eine schlüssige Symphonie zu machen. Aber er hat, nicht im Roman, aber an anderer Stelle vielleicht, Winke gegeben, wie man den Vorleser *auch* lesen könnte: als große, allervorsichtigsten Schutzes bedürftige Liebesgeschichte, die bewusst versteckt in eine historische Parabel, um sie im Halbverborgenen umso wärmer strahlen lassen zu können. [...]"

Stölzel, Christoh: „Ich hab's in einer Nacht ausgelesen". Laudatio auf Bernhard Schlink. In: Die Welt, Berlin, 13.11.1999

„Schlink, der Jurist, hat sich offenkundig genau mit den KZ-Prozessen befasst, deren größter der Auschwitz-Prozess Mitte der sechziger Jahre war, dem ein Jahrzehnt später der Majdanek-Prozess folgte mit der Angeklagten Hermine Ryan, genannt die ‚Stute', im Mittelpunkt[17]. Dass im ‚Vorleser' autobioraphische Momente mit eine Rolle spielen, ist sicher nicht danebenvermutet. Wie ihn die NS-Zeit beschäftigt, wird auch aus den früheren Krimis ersichtlich, die Schlink geschrieben hat [...].

---

17 Was hier so gedeutet wird, als sei Hermine Ryan die Vorlage für Schlinks Figur Hanna Schmitz, ist nach Aussagen des Autors nicht der Fall, wie dieser Auszug aus dem Spiegelinterview aus Heft 4/2000 belegt: *„Spiegel: Es gibt also kein eindeutiges Vorbild für die Romanfigur Hanna, die dafür angeklagt wird, KZ-Gefangene während eines Marsches in einer brennenden Kirche eingesperrt gelassen zu haben? Schlink: Nein, auch den Fall mit der Kirche hat es so nicht gegeben. Überraschenderweise wurde ich während einer Podiumsdiskussion in Holland darüber informiert, dass es einen ähnlichen Fall in Niederländisch-Indien gegeben habe.“*

Vor gut einem Jahr bekam Bernhard Schlink den Hans-Fallada-Preis der Stadt Neumünster verliehen. Der Schriftsteller Peter Schneider hielt damals die Laudatio und beschrieb die Wirkung des ‚Vorlesers' mit diesen Worten: ‚Was vielleicht am meisten verblüfft, ist die Selbstverständlichkeit, ja die Leichtigkeit und Eleganz, mit der der Autor die peinigende, kaum erzählbare Geschichte vorträgt... Am wichtigsten für das Gelingen seiner Erzählung war vielleicht, dass Schlink sich nicht einen Augenblick von dem übermächtigen Thema hat überwältigen lassen, sondern einer merkwürdigen, kaum glaublichen Geschichte vertraut. Wie er das tut, in einer einfachen, lakonischen [= kurz und treffend] Sprache, die fast panisch Metaphern und Nebensätze meidet und dennoch mit großer Genauigkeit Situationen von filmischer Präsenz herausarbeitet, wird man nicht leicht vergessen.' [...]"

Kühner, Claudia: Ein Buch geht um die Welt In: Die Weltwoche, Zürich, 1.4.1999

„[...] ‚Der Vorleser' ist ein Roman von bestechender Aufrichtigkeit. Er fegt die bequemen Ausflüchte all derer hinfort, die einem ‚Aufarbeiten der Vergangenheit' eilfertig das Wort reden. [...] Dass es Dinge gibt, die keinen Anspruch auf Freispruch und Versöhnung haben, davon erzählt Bernhard Schlink, leise und klug. Selbst die therapeutische Kraft der Niederschrift hilft nicht: Die Geschichte zu schreiben, ‚um sie loszuwerden', gelingt nicht.

Sicher, man wird gegen diese Prosa das eine oder andere einwenden können. Mitunter gerät das Räsonnement [= Vernunftsschluss] eine Spur zu eindeutig (‚Nun ist Flucht nicht nur weglaufen, sondern auch ankommen'), und mitunter fährt der Jurist Schlink dem gleichnamigen Schriftsteller ein bisschen heftig in die Parade (‚Es gehört sich in deutschen Strafverfahren nicht, dass Angeklagte Richtern Fragen stellen'). Das alles sind läppische Kleinigkeiten, wenn man dagegenhält, was sich hier auf gerade einmal zweihundert Seiten zusammenfügt. Es lässt sich nicht anders sagen: Was für ein Glück, dass dieses Buch geschrieben wurde!"

Moritz, Rainer: Die Liebe zur Aufseherin In: Die Weltwoche, Zürich, 23.11.1995

Aufgabenblock 4

- Nehmen Sie differenziert Stellung zu den hier vorgestellten Auszügen aus Rezensionen zu „Der Vorleser“. Was deckt sich mit ihrer Meinung, was nicht?
- Lesen Sie weitere Rezensionen. Was unterscheidet die einzelnen Texte voneinander?
- Schreiben Sie selbst eine Rezension zum Roman.
- Stimmen Sie mit der Aussage überein, der vorliegende Roman sei ein Buch, dass man nicht mehr aus der Hand legen, sondern in einem Zug durchlesen möchte? Beschreiben Sie ihre persönliche Leseerfahrung.

4. Produktionsorientierte Zugänge zum Roman

Mit den Überlegungen und Ideen in diesem Kapitel soll der enge Zusammenhang betont werden, welcher zwischen dem Lesen und Schreiben von Texten besteht.

Zunehmend erhalten Verfahrensweisen im gesellschaftswissenschaftlichen Unterricht und insbesondere im Literaturunterricht ihren Platz, welche als produktionsorientierte Zugänge bereits seit den 1970er Jahren in der didaktischen Diskussion sind, aber heute nicht an pädagogischer Brisanz verloren haben. Die Begründungen für einen veränderten Umgang mit Texten gehen weitgehend mit reformpädagogischen und lernpsychologischen Ansätzen einher, welche das Lernen mit allen Sinnen propagieren statt alles Lernen auf den Verstand zu reduzieren.

Bislang haben solche Bemühungen nur kaum die Oberstufe erreicht, in der nach wie vor diskursiv-analytisch gearbeitet wird. Es wird leider nur wenig Rücksicht auf die sinnliche und individuelle Aneignung von Literatur genommen.

Bei der Beschäftigung mit literarischen Texten im Unterricht sollte sich die Lerngruppe bewusst sein, dass jeder Text ein Ergebnis von vielen gedachten, teilweise niedergeschriebenen und wieder verworfenen Texten ist. An diesen Gedanken lässt sich kreativ anknüpfen, indem man solche ungeschriebenen Texte selbst verfasst und damit dem Text näherkommt, weil man sich intensiv mit ihm auseinandersetzen muss, um keine logischen Brüche entstehen zu lassen.

Die nachfolgenden Anregungen sollen die Lernenden dazu motivieren, sein schöpferisches Potential zu entdecken und auszuspielen.

Jeder persönliche Ansatz mit dem Text umzugehen oder „ins Gespräch zu kommen“ sollte seine Berechtigung haben.

Die Anregungen bieten sich besonders für Kleingruppenarbeit und zum Teil auch für fächerübergreifenden Unterricht an.

Anregungen:

- Gestalten Sie das Cover einer Romanausgabe, welches Ihrer Meinung nach den Hauptaspekt des Buches darstellt.
- Schreiben Sie einige Seiten eines fiktiven Tagebuchs Hannas, die sie kurz vor ihrem Selbstmord schreibt.
- Schreiben Sie eine Grabrede oder einen Nachruf über Hanna. (Beispielsweise aus der Perspektive Michaels)
- Entwerfen Sie einen möglichen weiteren Lebensweg von Michael Berg.
- Entwickeln Sie Strukturskizzen und Schaubilder zum Romanaufbau, zum Handlungsverlauf, zu einzelnen Handlungen, die Ihnen besonders wichtig erscheinen, und zu Personenbeziehungen oder erweitern Sie die Skizzen, die Sie in diesem BLICKPUNKT- Band vorfinden.
- Suchen Sie in Zeitschriften, Zeitungen oder Prospekten von Personen, die wie Michael oder Hanna aussehen. Begründen Sie ihre Auswahl anhand von Textstellen.
- Legen Sie eine Datenbank zu den beiden Hauptfiguren an.
- Geben Sie dem Roman einen anderen Titel.
- Geben Sie den drei Teilen und den einzelnen Kapiteln informative Überschriften bzw. Titel, die die Spannung beim Lesen wecken sollen.
- Schreiben Sie ein anderes Ende. (Beispielsweise hat sich Hanna nicht umgebracht. Was passiert dann, als Michael sie vom Gefängnis abholt.)
- Suchen Sie die verschiedenen Bücher heraus, die sich Hanna vorlesen lässt. Was lässt sich über diese Werke sagen?
- Besuchen Sie ein Konzentrationslager und schreiben Sie vor Ort ihre Gedanken nieder. Vergleichen Sie später ihre Aufzeichnungen mit denen des Erzählers nach seinen KZ-Besuchen.
- Lesen Sie den Roman „Bronsteins Kinder“ von J.Becker und sehen Sie sich die Verfilmung dazu an. Welche Parallelen und Unterschiede fallen auf, wenn man die jeweiligen Protagonisten der Romane (Sohn Hans / Michael Berg) von Becker und Schlink miteinander vergleicht?

- Schreiben Sie einzelne Kapitel als Drehbuch um. Welche Regieanweisungen und Requisiten sind angebracht?
- Schreiben Sie Teile des Romans als Drama um und inszenieren Sie ein kleines Theaterstück.

Einzelne Anregungen gehen über den Deutschunterricht hinaus. Sie legen eine fachübergreifende Zusammenarbeit nahe. Dabei gibt es beispielsweise Anknüpfungspunkte zum Kunst-, Musik- oder Geschichtsunterricht.

5. Ergänzende Literatur- und Materialsammlung

Bernstein, Richard: Once loving, once cruel, what's her secret? In: The New York Times, 20.08.1997

Briegleb, Klaus: Vergangenheit in der Gegenwart. In: Briegleb, Klaus/ Weigel, Siegrid (Hrsg.): Gegenwartsliteratur seit 1968, Deutscher Taschenbuch Verlag, München, 1992

Brockhaus, Gudrun: Schauder und Idylle. Faschismus als Erlebnisangebot, Kunstmann, München, 1997

Broszat, Martin/Friedländer, Saul: Um die „Historisierung des Nationalsozialismus". Ein Briefwechsel. In: Vierteljahreshefte für Zeitgeschichte, 1988 (Nr.36)

Burkert, Walter: Homo Necans, de Gruyter, Berlin/Tokio/New York, 1997[2]

Conze, Werner/Hentschel, Volker, Hrsg.: Ploetz Deutsche Geschichte, Wissenschaftliche Buchgesellschaft, Darmstadt, 1996 (6.Auflage)

Diekhaus, Johannes: Einfach Deutsch, Schöningh Verlag, Paderborn (Sekundärliteratur zu „Der Vorleser")

Eliade, Mircea: Das Mysterium der Wiedergeburt. Versuch über einige Initiationstypen, Suhrkamp, Frankfurt am Main, 1988[2]

Freud, Siegmund: Die Traumdeutung, Fischer, Frankfurt am Main, 1991

Höfer, Adolf: Die endgültige Entsagung deutscher Vergangenheit in der jüngsten Gegenwartsliteratur. In: Belgrad, Jürgen/Fingerhut, Karlheinz (Hrsg.): Textnahes Lesen. Annäherung an Literatur im Unterricht, Schneider, Hohengehren, 1998

Köster, Juliane/Schmidt, Rolf: Interaktive Lesung mit Bernhard Schlink. In: Deutschunterricht, Berlin, 1998 (Heft 1/1998)

Köster, Juliane: Majdanek ist kein Spielplatz. In: Deutschunterricht, Berlin, 1998 (Heft 7/8/ 1998)

Rendell, Ruth: Urteil in Stein, Rowohlt, Reinbeck bei Hamburg, 1992

Schlink, Bernhard: „Die Berliner Republik ist keine Republik der politischen Lager", Dankesrede zum „Welt"-Literaturpreis. In: Die Welt, Berlin, 13.11.1999

Schuster, Karl: Einführung in die Fachdidaktik Deutsch (5. Überarbeitete Auflage), Schneider Verlag, Baltmannsweiler, 1995

Zentner, Kurt: Illustrierte Geschichte des zweiten Weltkriegs, Deutscher Bücherbund, Stuttgart/Hamburg, 1963

Postanschrift des Autors:

Professor Dr. Bernhard Schlink
Humboldt-Universität Berlin
Lehrstuhl für Öffentliches Recht und Rechtsphilosophie
Juristische Fakultät
Unter den Linden 6
10099 Berlin
(Sitz: Unter den Linden 9, Zimmer 116)

e-Mail: schlink@rewi.hu-berlin.de

Analysen & Reflexionen

Interpretationen und didaktische Anweisungen

AR 36	**Absurdes Theater**
AR 81	**Amphitryon** (Plautus bis Hacks)
AR 71	**Andersch, Alfred:** Sansibar oder Der letzte Grund/Vater eines Mörders/Fahrerflucht/Der Tod des James Dean
AR 76	**Bachmann, Ingeborg:** Gedichte, Hörspiele, Erzählungen
AR 59	**Benn, Gottfried:** Lyrik und Prosa
AR 8	**Böll, Heinrich:** Brot der frühen Jahre - Ansichten eines Clowns
AR 41	**Böll, Heinrich:** Die verlorene Ehre der Katharina Blum oder Wie Gewalt entstehen und wohin sie führen kann
AR 73	**Borchert, Wolfgang:** Draußen vor der Tür und vermischte Schriften
AR 3	**Brecht, Bertolt:** Der gute Mensch von Sezuan/Leben des Galilei
AR 26	**Brecht, Bertolt:** Leben des Galilei
AR 19	**Brecht, Bertolt:** Mutter Courage und ihre Kinder
AR 2	**Brecht, Bertolt:** Mutter Courage und ihre Kinder/Der kaukasische Kreidekreis
AR 18	**Büchner, Georg:** Dantons Tod/Lenz/Woyzeck
AR 53	**Camus, Albert:** Das Mißverständnis
AR 12	**Camus, Albert:** Der Fremde / Die Pest
AR 48	**Droste-Hülshoff, Annette von:** Die Judenbuche
AR 67	**Dürrenmatt, Friedrich:** Der Besuch der alten Dame
AR 65	**Dürrenmatt, Friedrich:** Die Physiker
AR 64	**Dürrenmatt, Friedrich:** Der Richter und sein Henker
AR 16	**Dürrenmatt, Friedrich:** Der Verdacht/Der Besuch der alten Dame
AR 70	**Dürrenmatt, Friedrich:** Der Verdacht/Die Panne
AR 54	**Eichendorff, Joseph von:** Aus dem Leben eines Taugenichts
AR 61	**Fontane, Theodor:** Effi Briest
AR 9	**Frisch, Max :** Andorra/Biedermann und die Brandstifter
AR 17	**Frisch, Max:** Homo Faber
AR 15	**Frisch, Max:** Mein Name sei Gantenbein/Montauk/Stiller
AR 62	**Goethe, Joh. Wolfgang v.:** Die Leiden des jungen Werthers
AR 30	**Goethe, Joh. Wolfgang v.:** Faust I. Teil
AR 79	**Goethe, Joh. Wolfgang v.:** Götz von Berlichingen
AR 77	**Goethe, Joh. Wolfgang v.:** Iphigenie auf Tauris
AR 75	**Goethe, Joh. Wolfgang v.:** Torquato Tasso
AR 20	**Goethe-Plenzdorf:** Die (neuen) Leiden des jungen (W.) Werthers

AR 52 **Heine, Heinrich:** Deutschland. Ein Wintermärchen. Reisebilder
AR 49 **Heine, Heinrich:** Lyrik
AR 24 **Hesse, Hermann:** Der Steppenwolf/Siddhartha
AR 57 **Hoffmann, E. T. A.:** Das Fräulein von Scuderi/Der goldene Topf
AR 25 **Industriereportagen in der Arbeiterliteratur**
AR 42 **Kafka, Franz:** Das Schloß/Der Prozeß/Ein Brief an Max Brod
AR 22 **Kafka, Franz:** Das Urteil/Ein Hungerkünstler/Vor dem Gesetz
AR 33 **Kleist, Heinrich von:** Über das Marionettentheater/Das Käthchen von Heilbronn/Das Erdbeben in Chili/Die Marquise von O
AR 34 **Kleist, Heinrich von:** Prinz von Homburg/Michael Kohlhaas
AR 29 **Klepper, Jochen:** Werke
AR 47 **Lessing, Gotth. Ephraim:** Emilia Galotti
AR 7 **Lessing, Gotth. Ephraim:** Minna von Barnhelm
AR 10 **Lessing, Gotth. Ephraim:** Nathan der Weise
AR 37 **Mann, Heinrich:** Der Untertan/ Die Abdankung
AR 38 **Mann, Thomas:** Buddenbrooks
AR 60 **Mann, Thomas:** Der kleine Herr Friedemann/Tristan
AR 55 **Mann, Thomas:** Tonio Kröger/Der Tod in Venedig
AR 72 **Orwell, George:** 1984/Farm der Tiere
AR 83 **Roth, Josef:** Hiob
AR 56 **Saint-Exupery, Antoine de:** Der kleine Prinz
AR 39 **Salinger, Jerome D.:** Der Fänger im Roggen
AR 46 **Schiller, Friedrich:** Don Carlos
AR 44 **Schiller, Friedrich:** Kabale und Liebe
AR 43 **Schiller, Friedrich:** Maria Stuart/Die Schaubühne als moralische Anstalt betrachtet
AR 51 **Schiller, Friedrich:** Die Räuber
AR 5 **Schiller, Friedrich:** Wilhelm Tell
AR 80 **Seghers, Anna:** Das siebte Kreuz
AR 84 **Shakespeare:** Romeo und Julia
AR 69 **Tieck, Ludwig:** Der blonde Eckbert/Der Runenberg/Die Elfen
AR 85 **Walser:** Ein fliehendes Pferd
AR 50 **Zuckmayer, Carl:** Der Hauptmann von Köpenick
AR 66 **Zweig, Stefan:** Schachnovelle

INHALT